SUPPLÉMENT

AU

RECUEIL DE PSAUMES ET CANTIQUES

A L'USAGE

DES ÉGLISES RÉFORMÉES.

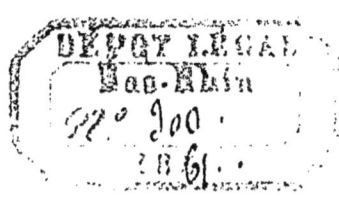

VEUVE BERGER-LEVRAULT ET FILS, LIBRAIRES-ÉDITEURS

PARIS.	STRASBOURG.
RUE DES SAINTS-PÈRES, 8.	RUE DES JUIFS, 26.

1861.

C.

Strasbourg, imprimerie de Vᵉ Berger-Levrault.

SUPPLÉMENT

AU

RECUEIL DE PSAUMES ET CANTIQUES

A L'USAGE DES ÉGLISES RÉFORMÉES.

CANTIQUE 113.
(Des Chants chrét. le 17e.*)

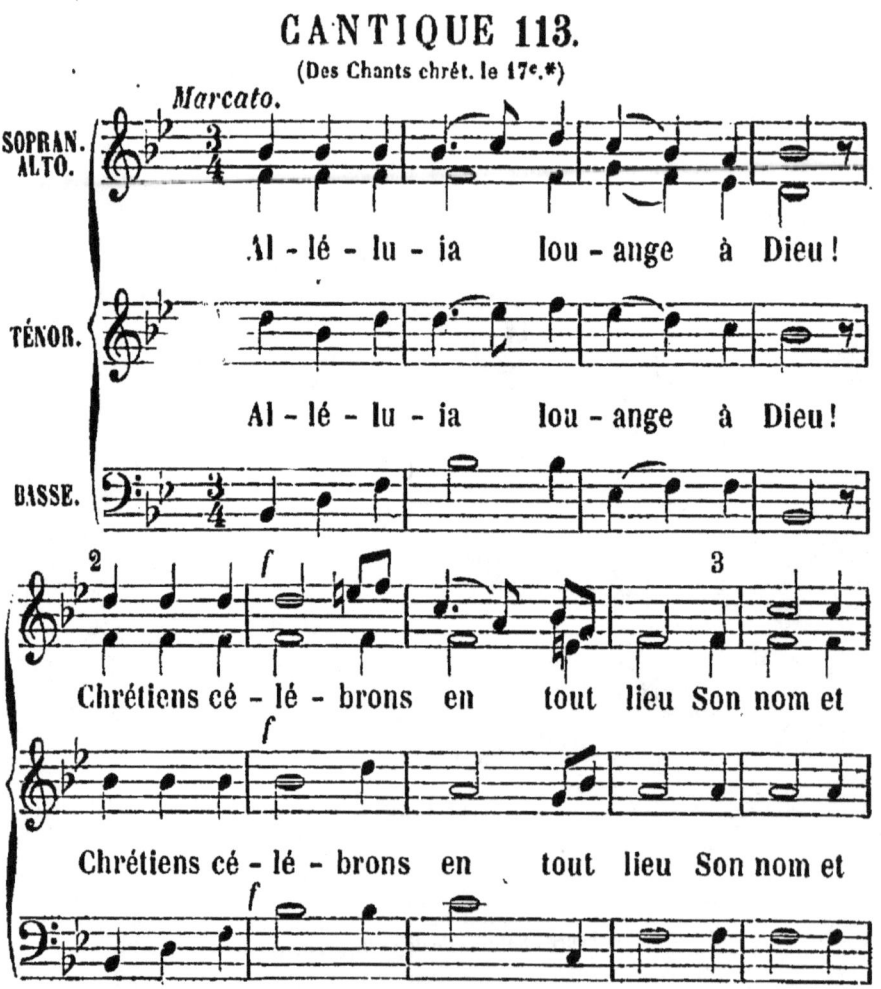

(*) Nous avons adopté la 4e édition des *Chants chrétiens* pour la musique, et la 8e pour les numéros des Cantiques.

Cant. 113.

Cant. 113.

2.

Alléluia! Fils éternel!
Sauveur de l'homme criminel,
　Reçois notre humble hommage!
Pénétré de ta charité,
Ton peuple, par toi racheté,
　Te bénit d'âge en âge.

3.

Alléluia! céleste Esprit!
De notre cœur humble et contrit
　Reçois les vœux sincères!
A toi seul enfin consacré,
Qu'il soit sans cesse pénétré
　De ta vive lumière.

4.

Alléluia! Dieu trois fois saint!
Que ton auguste nom soit craint
　Par tout ce qui respire!
Règne sur ton peuple à jamais;
Fais que tout l'univers en paix
　Adore ton empire.

CANTIQUE 114.

(Des Chants de Sion le 56e.)

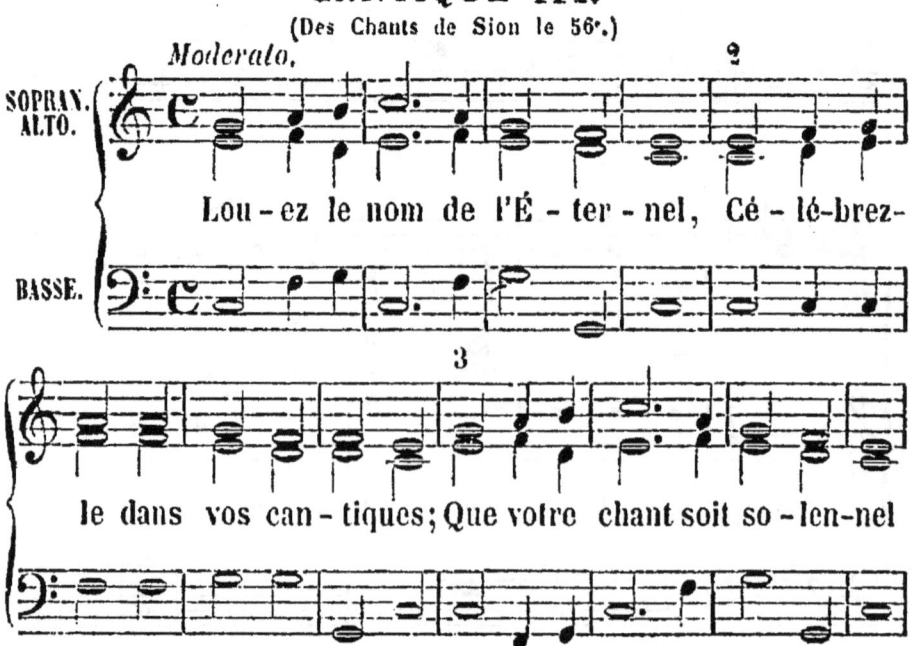

Lou-ez le nom de l'É-ter-nel, Cé-lé-brez-le dans vos can-tiques; Que votre chant soit so-len-nel

Cant: 114.

2. Devant ce Roi de l'univers
S'évanouit toute puissance.
Il va parler: terres et mers,
Écoutez-le dans le silence.
Il enrichit, il appauvrit,
Il agrandit, il humilie;
Rappelle-t-il à soi la vie,
L'homme aussitôt tombe et périt. (bis.)

Cant. 114.

3. Ce Dieu si grand, si glorieux,
De nous, chrétiens, s'est fait le Père.
Son Bien-Aimé, des plus hauts cieux,
Est venu jusqu'à notre terre.
Alors, ô Fils! ta charité
Nous acquit, par ton sacrifice,
L'éternel don de ta justice,
La vie et l'immortalité. (*bis.*)

4. Frères, chantons ce Dieu sauveur,
Et répétons dans l'assemblée,
Que par-dessus toute hauteur
Sa bonté s'est accumulée.
Disons que Dieu, le Créateur,
Le Saint des saints, l'Éternel même,
O charité, grâce suprême,
Daigne habiter en notre cœur! (*bis.*)

CANTIQUE 115.
(Du Rec. de Genève et Lyon le 146e.)
Air du Cantique 44, *O Seigneur! ô Sauveur!*

1. Que ton Nom soit béni! d'une bouche fidèle,
Je veux chanter, ô Dieu! ton amour infini.
Que de ce pur amour une vive étincelle
Vienne embraser mon cœur d'une flamme immortelle!
O toi, qui m'as aimé, que ton Nom soit béni!

2. Que ton Nom soit béni! que ton Nom admirable,
O Dieu fort et puissant, ô Prince de la paix!
Vole de bouche en bouche; et que le misérable,
Qui traînait du péché la chaîne déplorable,
Affranchi, le répète en chantant tes bienfaits.

3. Oh! de ton saint regard que la douce lumière,
Des hauts lieux où tu sieds, de gloire couronné,
Pénètre de ta paix mon âme tout entière!
Que mon cœur en tressaille, et que, dans la poussière,
Ployant sous mon bonheur, je tombe prosterné!

4. O toi, mon Dieu Sauveur, ô Jésus que j'adore!
Que ton Nom soit béni! Et mon cœur et ma voix,
Lorsque poindra l'éclat de l'éternelle aurore,
Au seuil de ton palais répèteront encore:
Que ton Nom soit béni, toi qui subis la croix!

CANTIQUE 116.
(Des Chants de Sion le 231e.)

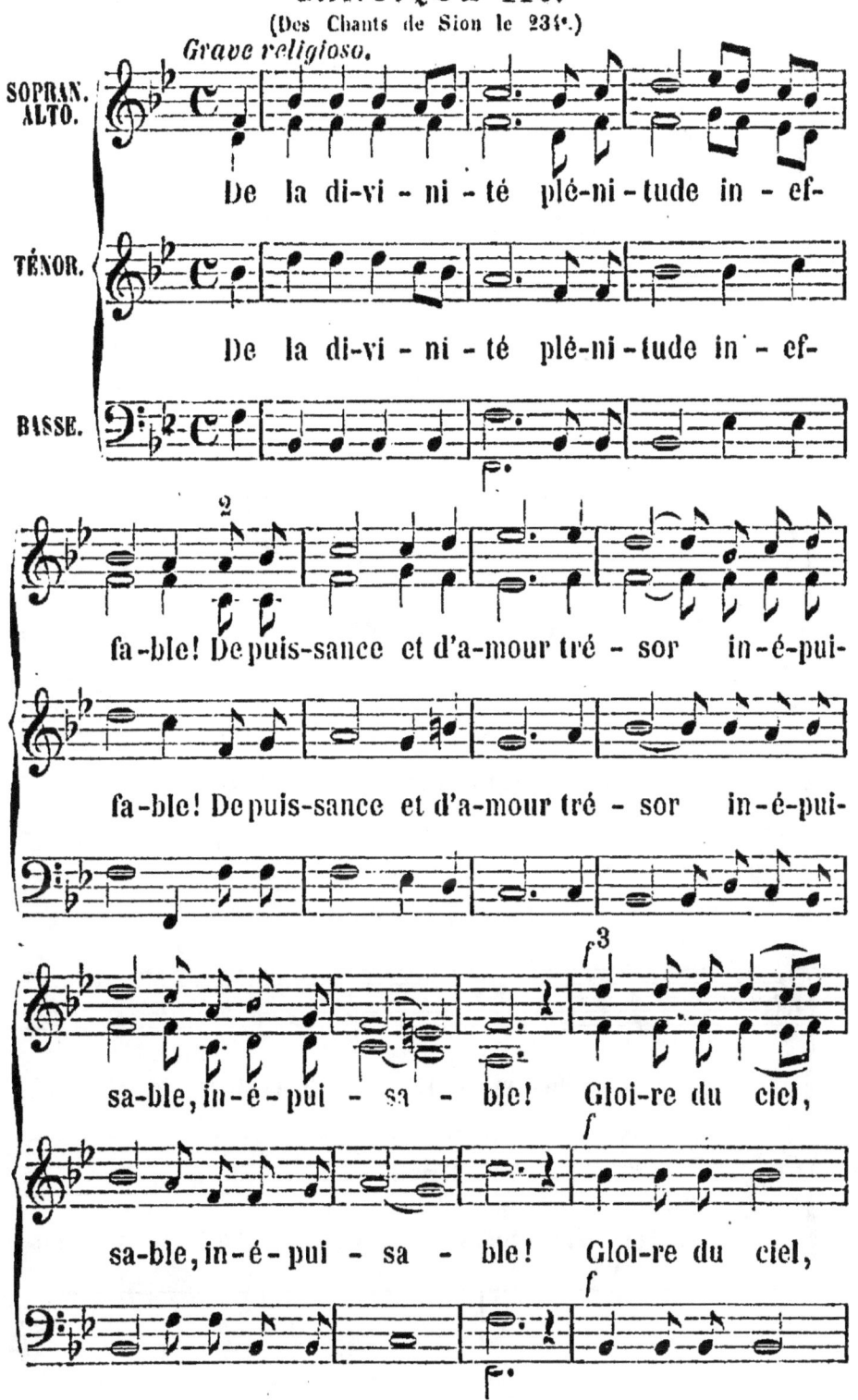

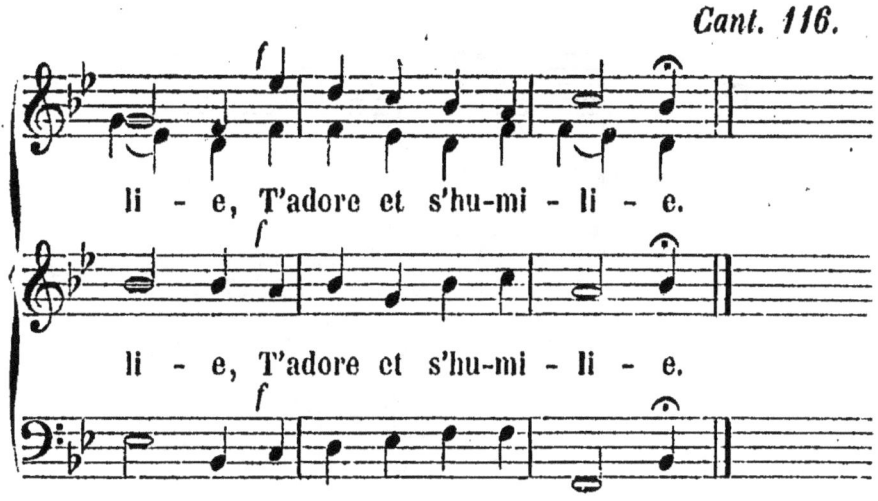

Cant. 116.

f
li - e, T'adore et s'hu-mi - li - e.
f
li - e, T'adore et s'hu-mi - li - e.
f

CANTIQUE 117.

(Des Chants chrét. le 21e)

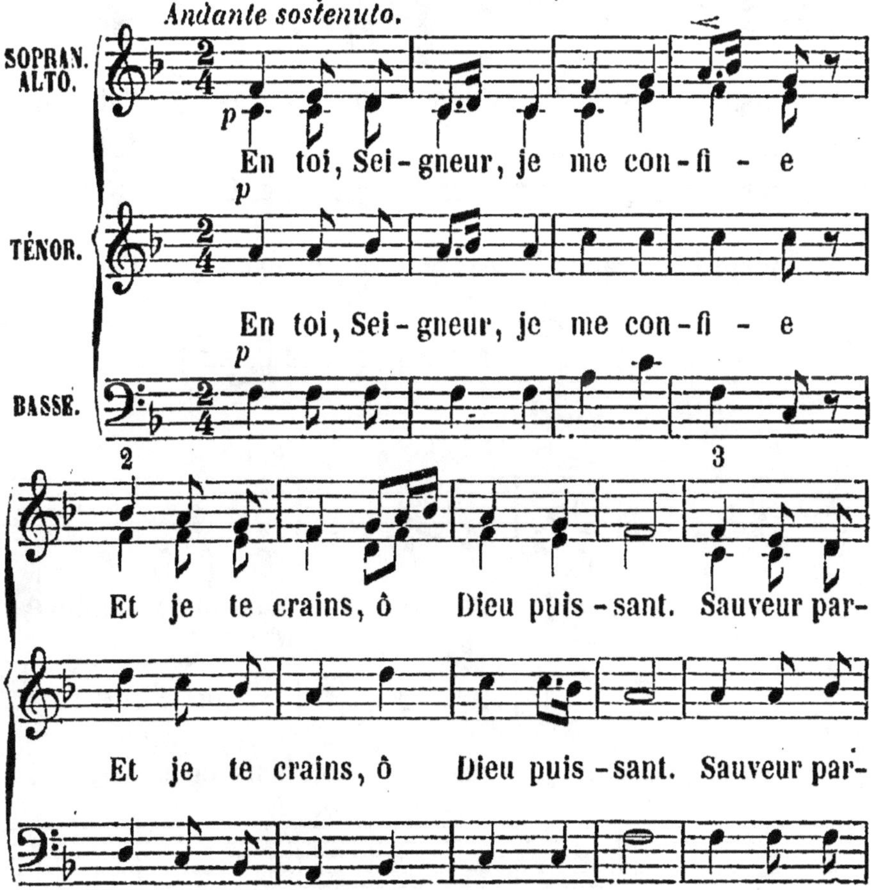
Andante sostenuto.
SOPRAN.
ALTO.
p
En toi, Sei-gneur, je me con-fi - e
p
TÉNOR.
En toi, Sei-gneur, je me con-fi - e
p
BASSE.
2
3
Et je te crains, ô Dieu puis-sant. Sauveur par-
Et je te crains, ô Dieu puis-sant. Sauveur par-

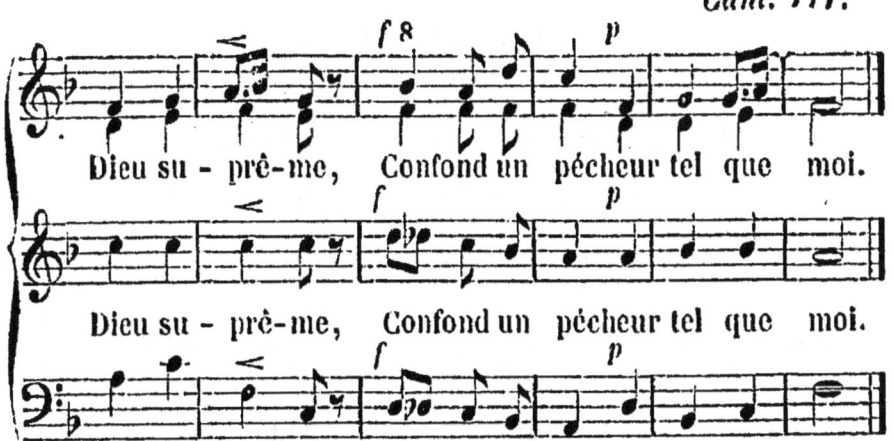

2. Quand je contemple ta justice,
   Je pense à ton amour, Seigneur!
   Malgré ton courroux, Dieu propice!
   Malgré ton amour, Dieu vengeur!
   Tes jugements couvrent la terre,
   Et tu fais grâce à tes élus.
   Quel est donc ce profond mystère?
   Toi seul peux le dire, ô Jésus!

3. Jésus, mon unique espérance,
   Tu me dis : «Ne crains point, c'est moi!
   «J'ai payé pour ta délivrance;
   «J'ai souffert, obéi pour toi.»
   Aurais-je peur quand Dieu m'appelle?
   Tu m'absous, qui m'accusera?
   De ton bercail, pasteur fidèle!
   Quel ennemi m'enlèvera?

4. Non, je ne crains plus ta colère!
   O Dieu! Jésus est mon garant.
   En lui tu m'aimes comme un père;
   En lui j'ai les droits d'un enfant.
   Mais ta loi, ta volonté sainte,
   J'ai faim, j'ai soif de l'observer.
   De tes saints donne-moi la crainte:
   Car te craindre ainsi c'est t'aimer.

5. Père, qui frappes, qui consoles,
   Donne à ton enfant, dans ce jour,
   Un cœur qui tremble à tes paroles,
   Et qui s'égaie en ton amour.
   Que l'horreur du mal soit ma crainte,
   Que ta grâce soit mon bonheur,
   Pour que je suive sans contrainte
   Et jusqu'à la mort mon Sauveur!

CANTIQUE 118.
(Des Chants chrét. le 43e.)

Cant. 118.

2. Je ne sais quel trouble inconnu
M'étonne et me pénètre;
Je sens que j'avais méconnu
Le besoin de mon être.
Car j'avais méconnu, Seigneur,
Ta charité profonde
Et j'avais répandu mon cœur
Sur les objets du monde.

3. Tu m'as fait sentir leur néant;
Je t'en bénis, mon Père!
Je vois avec ravissement
L'éternelle lumière.
Jésus est l'objet de mes vœux;
Mon âme le désire;
Car seul il peut me rendre heureux;
Après lui je soupire.

4. Je ne t'implore plus, Seigneur!
Pour les biens de ce monde;
Les seuls biens qu'implore mon cœur
De ta grâce féconde,
C'est d'augmenter ma faible foi
En ta sainte Parole;
C'est cette Paix qui vient de toi,
C'est l'Esprit qui console.

5. Seigneur, je ne t'invoque plus
Pour obtenir la gloire;
Donne-moi celle des élus!
Toute autre est illusoire.
Que me fait un vain nom, hélas!
Sur ce globe fragile?
Ce nom.. tu ne le connais pas,
Il est donc inutile.

6. Je n'implore plus ta bonté
Pour une longue vie;
Car de l'heureuse éternité
Je sais qu'elle est suivie.
Dans la fortune, humilité,
O grand Dieu que j'adore!
Courage dans l'adversité,
Voilà ce que j'implore.

CANTIQUE 119.

(Des Chants chrét. le 20e.)

Air du Cantique 55, *Oui, pour son peuple.*

1. C'est moi, c'est moi qui vous console,
   A dit l'Éternel aux pécheurs.
   Frères, croyons à la parole
   Qu'il adresse à nos pauvres cœurs.
   Il veut verser sur nos blessures
   L'huile et le vin de son amour,
   Et sur ses faibles créatures
   Faire lever un nouveau jour.

2. La paix dont le Seigneur inonde
   Les âmes de ses serviteurs,
   N'est pas la paix d'un triste monde,
   Dont les ris sont mêlés de pleurs.
   La paix dont il dit : Je la donne!
   Subsiste dans les jours mauvais;
   C'est une immortelle couronne
   Que rien ne flétrit : c'est sa paix.

3. Sa paix! sais-tu ce qu'il en coûte
   Au Fils de Dieu pour te l'offrir?
   Sais-tu par quelle sombre route
   Il passa pour te secourir?
   Quittant sa céleste demeure,
   Sais-tu ce que le Roi des rois
   Pour nous a souffert, d'heure en heure,
   De la crèche jusqu'à la croix?

4. Va le demander au Calvaire,
   Où le rejeton d'Isaï
   Reçut le terrible salaire
   Des contempteurs du Sinaï.
   Jésus a vidé le calice,
   Dieu tout-puissant! pour t'apaiser.
   En lui la paix et la justice
   S'unissent par un saint baiser.

5. Que la paix coule comme un fleuve
   Qui porte au loin ses grandes eaux!
   Et que mon âme s'en abreuve
   Comme un agneau près des ruisseaux.
   Du haut de ta sainte montagne
   Répands-la selon nos souhaits;
   Et que ton Esprit l'accompagne,
   Roi de Salem! Prince de paix!

CANTIQUE 120.

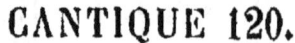

(Des Chants de Sion le 42e)

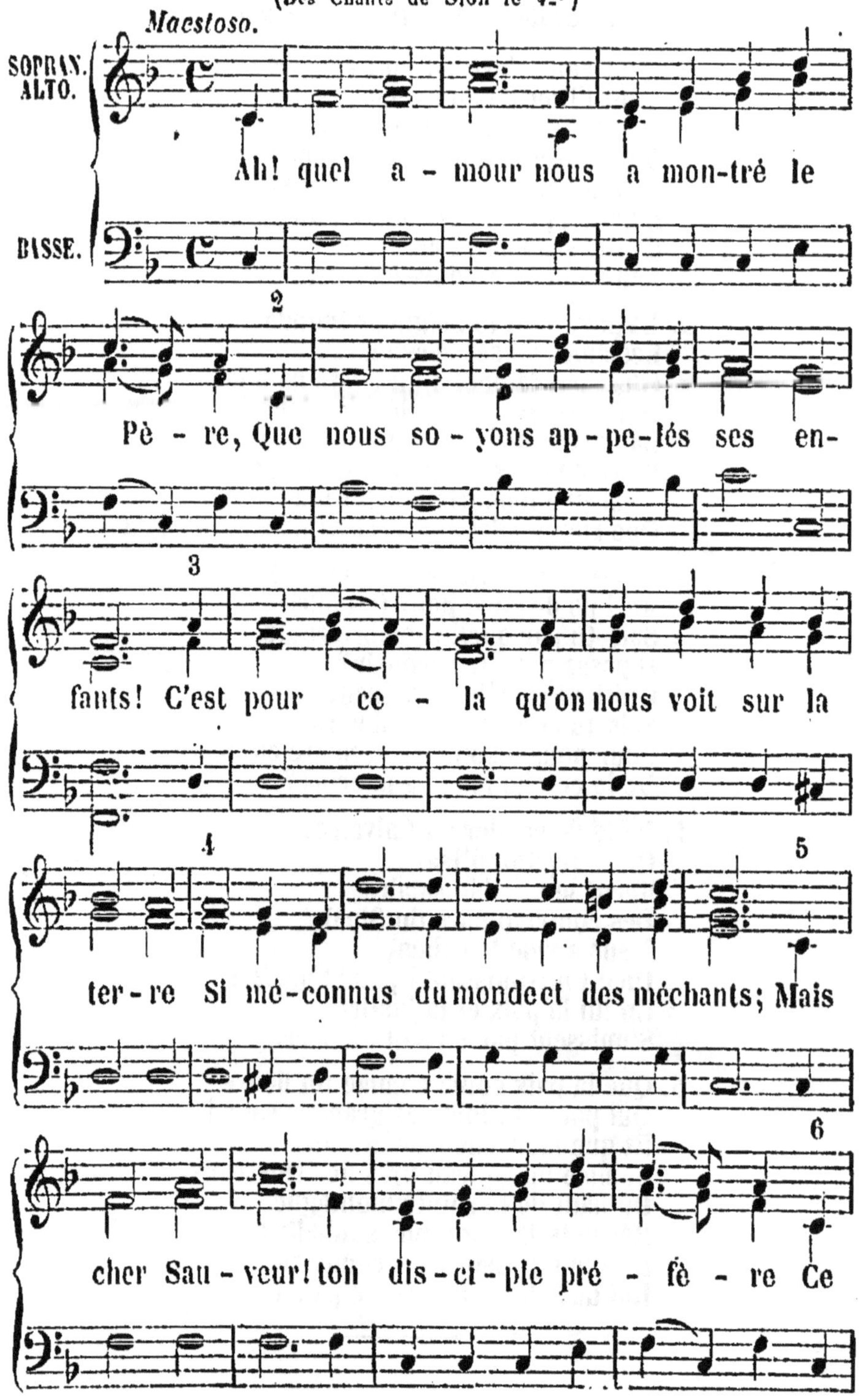
Maestoso.
SOPRAN.
ALTO.
BASSE.
Ah! quel a - mour nous a mon-tré le
Pè - re, Que nous so - yons ap - pe - lés ses enfants! C'est pour ce - la qu'on nous voit sur la
ter - re Si mé-connus du monde et des méchants; Mais
cher Sau - veur! ton dis - ci - ple pré - fè - re Ce
2
3
4
5
6

des-hon-neur aux noms les plus bril-lants.

2. C'est vainement que la folle sagesse
Veut obscurcir, ô Dieu, ta vérité !
Son grand savoir n'est qu'erreur et faiblesse,
Fausse raison, mensonge, impureté.
Non, ni vertu, ni force, ni noblesse,
Hors de Jésus n'a de solidité.

3. Aussi fondés sur sa toute-puissance,
Nous attendons son règne glorieux :
Car c'est de lui que toute délivrance
Sur ses enfants se montrera des cieux ;
Et vaillament, tout remplis d'espérance,
Nous entonnons des chants victorieux.

4. Quoi qu'il en soit, Jésus, ta chère Église
Sera toujours l'objet de ta faveur.
A ton pouvoir joyeusement soumise,
Elle te suit dans une sainte ardeur.
Tu lui donnas en tout temps pour devise :
« Nous triomphons en notre Dieu sauveur. »

CANTIQUE 121.
(Des Chants chrét. le 13º.)
Air du Cantique 40, *Ah ! laissez-moi.*

1. L'Éternel seul est ma lumière
Ma délivrance et mon appui :
Qu'aurai-je à craindre sur la terre
Puisque ma force est toute en lui ?

2. Mes ennemis à leur malice
Voulaient me faire succomber ;
Mais sous mes yeux leur injustice
Les a fait broncher et tomber.

Cant. 121.

3. Pour m'assaillir, quand une armée
   Autour de moi se camperait,
   Sans effroi, sans être alarmée,
   Mon âme en Dieu s'assurerait.

4. Tout mon désir, mon espérance,
   Est que je puisse, chaque jour,
   De Dieu connaître la clémence
   Et les douceurs de son amour.

5. Son bras puissant, à ma requête,
   Un prompt secours me fournira,
   Et dans le fort de la tempête
   Sur un rocher m'élèvera.

6. Mes ennemis avec tristesse
   Me verront couronné d'honneur,
   Et mes cantiques d'allégresse
   Célébreront mon Rédempteur.

7. Réponds-moi donc; j'attends ta grâce;
   Seigneur, exauce ton enfant!
   Tu me dis de chercher ta face,
   Et je la cherche, ô Dieu vivant!

8. N'éloigne pas le sûr remède
   Qu'à mes maux je requiers de toi.
   Toujours, Seigneur! tu fus mon aide:
   Ne te détourne pas de moi.

9. Ah! de mon père et de ma mère
   Si délaissé je me voyais,
   De l'Éternel, en ma misère,
   L'amour encor je trouverais.

10. Seigneur, enseigne-moi ta voie!
    A mes pieds dresse le chemin!
    Qu'en pleine paix chacun me voie
    Marcher appuyé sur ta main.

11. Si je n'eusse eu la ferme attente
    Que Dieu, répondant à mon cri,
    Soutiendrait mon âme souffrante,
    Dans mon chagrin, j'eusse péri.

12. Oui, je verrai la délivrance
    Que mon Sauveur m'accordera:
    Aussi mon cœur, plein d'assurance,
    En l'attendant s'affermira.

CANTIQUE 122.
(De *chants chrét. le 36e*.)

2. Soit que je marche ou bien que je m'arrête,
   Voici, Seigneur! tu te tiens près de moi;
   Et pour parler, quand ma langue s'apprête, } (bis.)
   Tout mon dessein est déjà devant toi.

3. Vivant ou mort, dans les cieux, sur la terre,
   Ceint de lumière ou ceint d'obscurité,
   Partout ta main peut me saisir, ô Père! } (bis.)
   Partout sur moi ton œil est arrêté.

4. Que ta sagesse est sainte et merveilleuse!
   Non, je n'en puis mesurer la hauteur.
   Dieu de bonté, combien est précieuse } (bis.)
   La vie en toi, l'œuvre de ta grandeur!

5. Connaître, ô Dieu! ton amour, ta puissance,
   Sur mon sentier voir briller ta splendeur,
   Sur toi fonder toute mon assurance, } (bis.)
   Sont les seuls biens que souhaite mon cœur.

CANTIQUE 123.
(Des Chants chrét. le 167e.)
Air du Cantique 44, *O Seigneur! ô Sauveur!*

1. Ta Parole, Seigneur, est ma force et ma vie;
   A nos sentiers obscurs elle sert de flambeau,
   Et semblable au soleil, sa clarté vivifie:
   De ton amour pour nous, c'est le don le plus beau. (bis.)

2. Elle est la vérité, la sagesse suprême;
   Par elle je connais mon éternel destin.
   Ce fidèle miroir me dévoile à moi-même,
   Coupable et corrompu, quand je me croyais saint. (bis.)

3. Par ta Parole, ô Dieu, tu révèles ton être,
   Ta grandeur, ton conseil, la gloire de ton nom.
   Par elle notre cœur apprend à te connaître,
   Père de Jésus-Christ, Dieu juste autant que bon. (bis.)

4. Livre consolateur inspiré par Dieu même,
   Mes yeux se sont ouverts à tes vives clartés.
   Oui, je sais maintenant que le Seigneur nous aime;
   Tu montres à quel prix Dieu nous a rachetés. (bis.)

5. C'est toi qui nous soutiens au moment de la lutte,
   Quand le mal veut en nous reprendre son pouvoir.
   Tu garantis nos pas des dangers de la chute.
   Et sur le lit de mort tu nous donnes l'espoir. (bis.)

Cant. 123.
6. Heureux celui qui croit la divine Parole;
Heureux celui qu'enseigne et que guide l'Esprit!
Heureux qui, détourné de ce monde frivole,
S'est assis humblement aux pieds de Jésus-Christ! (*bis.*)
7. Par ta Parole, ô Dieu! par ta puissante grâce,
Régénère mon cœur et viens régner en moi;
Et jusqu'à la journée où je verrai ta face,
Qu'ici-bas, en croyant, je marche devant toi! (*bis.*)

CANTIQUE 124.
(Du Rec. de l'Église nation. de Lyon le 34e.)
Air du Cantique 78, *Brillante étoile du matin.*

1. Quel est cet astre radieux
  Qui descend du plus haut des cieux?
    O Fils du Dieu suprême,
  Tu prends à toi l'humanité,
  Tu voiles ta divinité
    De ma faiblesse extrême.
      Seigneur, — Mon cœur
      Te réclame; — A mon âme
      Fais sans cesse
    Sentir ta vive tendresse.
2. Tout pénétré de ton amour,
  Je chante ta gloire en ce jour,
    O Sauveur de mon âme!
  En t'abaissant jusques à moi,
  Tu m'embrases, Seigneur, pour toi
    D'une céleste flamme.
      Tu fais — Ma paix;
      Ta parole — Me console;
      Ta souffrance
    M'apporte la délivrance.
3. Par l'effet de sa charité
  Dieu voulut dès l'éternité
    Que son Fils fût mon frère.
  Je m'attache à lui par la foi;
  Il est mon maître, il est mon roi;
    Fondé sur lui, j'espère
      Qu'étant — Constant
      Et fidèle — Dans mon zèle,
      Pour partage
    Du ciel j'aurai l'héritage.

CANTIQUE 125.

(Des Chants chrét. le 182e.)

Air du Cantique 19, *O Christ, j'ai vu ton agonie!*

1. Que vois-je, hélas! mon Dieu! mon Père!
   Jésus à la croix attaché,
   Percé des traits de ta colère,
   Afin d'expier mon péché!

2. Pourquoi faut-il que ta justice
   Fasse souffrir à ton cher Fils
   De la croix le cruel supplice,
   Destiné pour tes ennemis?

3. Hélas! que je suis misérable
   D'avoir causé tant de douleurs
   A mon Rédempteur adorable,
   Qui m'a comblé de ses faveurs!

4. Pour nous châtier de nos crimes,
   Tu pouvais nous détruire tous,
   Et faire de nous des victimes
   De ton saint et juste courroux.

5. Béni sois-tu, Père céleste!
   Dieu d'amour qui, dans ta bonté,
   As détourné le coup funeste
   Que nous avions tous mérité.

6. Béni soit l'Agneau sans souillure
   Qui s'est immolé sur la croix,
   Pour racheter sa créature,
   Bien qu'elle eût violé ses lois!

7. Son amour pour nous est extrême;
   Pour faire avec Dieu notre paix,
   Ce Sauveur s'est livré soi-même:
   Ah! je veux l'aimer pour jamais.

8. Je ne veux plus aimer le monde;
   Il ne saurait remplir mes vœux.
   C'est des maux la source féconde;
   Jésus seul peut me rendre heureux.

9. Je veux l'imiter et le suivre,
Et m'assujettir à ses lois;
Pour lui seul et mourir et vivre,
Et chercher ma gloire en sa croix.

CANTIQUE 126.

(Du Rec. des Églises évang., conf. d'Augsbourg, le 51e.)

Air des Cantiques 49, *Jamais Dieu ne délaisse;* 50, *Seigneur, dans ma souffrance;* et 148, *Trésor incomparable.*

1.
Chef couvert de blessures,
Tout meurtri, tout sanglant,
Chef accablé d'injures,
D'opprobre, de tourment;
De la gloire divine
Autrefois couronné,
C'est maintenant d'épine
Que ton front est orné.

2.
C'est ainsi que tu paies
L'amende de ma paix;
Ces langueurs et ces plaies,
Moi seul les méritais.
Vois l'âme criminelle
A tes pieds, bon Sauveur;
Daigne jeter sur elle
Un regard de faveur.

3.
Prends mon âme et l'embrasse,
O toi, seul bon pasteur.
Ah! quel trésor de grâce
Je trouve en ta douleur!
Mourant pour mon offense,
Tu m'obtiens le salut;
De ton amour immense,
C'est le glorieux but.

4.
Oui, pour ton agonie,
Pour ta vive douleur
Je veux toute ma vie
Te bénir mon Sauveur.
Ta grâce est éternelle,
Et rien, jusqu'à ma fin,
Ne pourra, Dieu fidèle,
Me ravir de ta main.

5.
C'est de ta main fidèle
Que j'attends mon bonheur,
Quand la chaleur mortelle
Aura quitté mon cœur.
Rempli d'un saint courage,
Je laisserai ces lieux
Pour avoir l'héritage
Réservé dans les cieux.

CANTIQUE 127.

(Du Rec. des Églises évang., conf. d'Augsbourg, le 153e.)

2.
Il vint en homme de douleur
Pressé de sa tendresse,
Doux, patient, humble de cœur.
Abattu de tristesse,
Occupé de mille soucis;
D'une ardeur assidue
Il cherchait sa pauvre brebis
Égarée et perdue.

3.
Ma pauvre âme est cette brebis
Perdue et retrouvée,
Qui sent maintenant à quel prix
Son Jésus l'a sauvée.
Pour elle il souffrit le trépas;
Pour lui seul je veux vivre
Et ne plus rien faire ici-bas
Que l'aimer et le suivre.

CANTIQUE 128.
(Des Chants chrét. le 68e.)

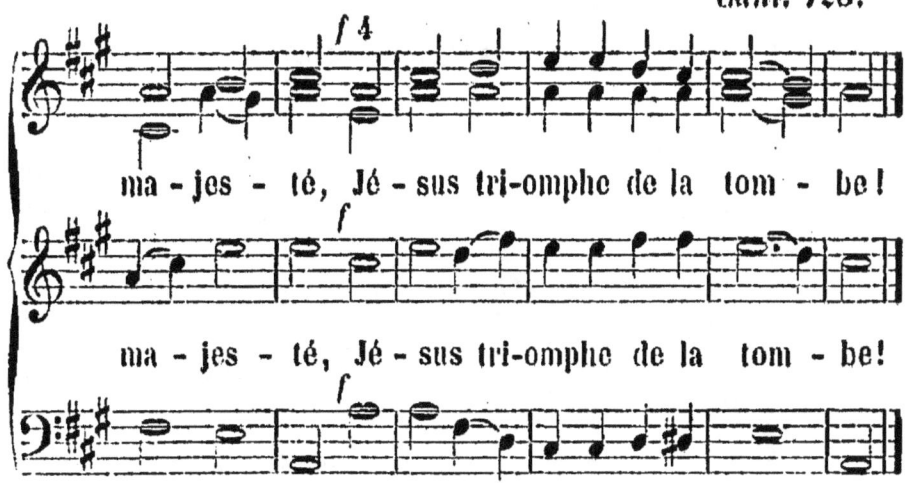

2.

Mort! où donc est ton aiguillon? *(bis.)*
Sépulcre! où donc est ta victoire?
Dans son rapide tourbillon
Le temps nous entraîne à la gloire.

3.

La mort est vaincue à jamais : *(bis.)*
Jésus a délivré l'Église;
Elle est sauvée, elle est en paix :
Par son sang il se l'est acquise.

4.

Jésus nous a conquis le ciel; *(bis.)*
Jésus nous rend l'amour du Père;
Par Jésus je suis immortel!...
Que mon corps retombe en poussière!

5.

En déshonneur il est semé, *(bis.)*
Il doit ressusciter en gloire;
Que mon cœur d'amour enflammé
De Jésus chante la victoire!

6.

Oui, gloire à toi, mon Rédempteur! *(bis.)*
Qu'à ton nom tout genou fléchisse,
Et que la terre, ô mon Sauveur!
Pour t'adorer, au ciel s'unisse!

CANTIQUE 129.
(Des Chants de Sion le 26e.)

O cieux! u-nissez-vous aux transports de la terre; É-gli-se du Seigneur! renou-velle tes chants; Et qu'en de saints ac-cents,

Cant. 129.

2. Jésus vient de monter au séjour de la gloire.
   Ses travaux sont finis: son peuple est racheté;
   Et, ceint de majesté, (*bis.*)
   Il entre aux lieux très-hauts avec cri de victoire.

3. A la droite de Dieu sa place est préparée.
   Là notre humanité s'assied avec pouvoir.
   Oh! qui peut concevoir (*bis.*)
   Que de cette grandeur elle soit honorée!

4. Tu règnes, ô Jésus! dans la toute-puissance.
   Sur le monde vaincu ton sceptre est souverain.
   L'empire est dans ta main; (*bis.*)
   Et tu remplis les cieux de ta magnificence.

Cant. 129.

5. En toi, Fils du Très-Haut ! réside notre vie.
   On ne voit point encor ce qu'un jour nous serons ;
   Mais quand nous te verrons (bis.)
   Tu nous revêtiras d'une gloire infinie.

6. Tournons donc nos pensers vers la sainte demeure
   Où Jésus est assis à la droite de Dieu.
   Traversons ce bas lieu, (bis.)
   Pleins du vivant espoir d'une cité meilleure !

CANTIQUE 130.
(Du Rec. de Genève et Lyon le 188e.)

Cant. 130.

2. Tout est soumis à sa puissance;
   Il est le Roi de l'univers;
   Contre lui l'effort des enfers
   Meurt sous le coup de sa vengeance.

3. De son trône sur son Église
   Il abaisse un puissant regard :
   Pour elle il est un sûr rempart;
   Qu'à sa voix elle soit soumise.

4. Ne craignons plus Satan, le monde:
   Jésus est notre grand soutien;
   Et défendus par ce gardien,
   Que notre espoir sur lui se fonde.

Cant. 130.

5. Dans les ennuis, dans la détresse,
Reposons-nous sur son secours,
On n'a jamais en vain recours
A sa puissance, à sa tendresse.

6. Entonnons l'hymne de victoire;
Que jusqu'au ciel montent nos chants;
Que tous nos cœurs reconnaissants
Disent du Rédempteur la gloire.

CANTIQUE 131.
(Des Chants chrét. le 72e.)

Andante Maestoso.

Esprit saint, Dieu puissant que méconnaît le monde, Ton pouvoir sur les cœurs est

2. Puissant Consolateur, que ta visite est chère!
Esprit saint du grand Dieu, qui dira tes bontés,
Dans la maison de deuil, au sein de la misère,
Dans les afflictions de tous les rachetés?
Partout où tu te rends, envoyé par le Père,
Quel doux et pur éclat, quelle vive lumière, (bis.)
Lorsqu'en un cœur obscur tu répands les clartés!

3. (7.) Viens à notre secours, oh! viens, Esprit de grâce!
Donne-nous avant tout de savoir t'invoquer;
Dicte-nous l'oraison dont grande est l'efficace;
Excite en nous ces cris qui seuls font triompher;
Dans le sang de l'Agneau tous nos péchés efface,
Et renouvelle enfin cette foi qui nous place (bis.)
Au rang des bienheureux que tu veux couronner.

CANTIQUE 132.
(Du Rec. de Genève et Lyon le 102e)

Pleine des plus beaux dons, l'âme se trouve vide; Elle n'en peut tirer qu'un bonheur imparfait; Rien ne pourra remplir ce cœur toujours a-

Cant. 132.

vi-de, Que la seu-le beauté pour laquelle il est fait.

vi-de, Que la seu-le beauté pour laquelle il est fait.

2.

Tous les plaisirs du siècle et toutes ses caresses,
La pompe et la grandeur des trônes réunis,
Toutes les voluptés et toutes les richesses
Sont des biens trop bornés pour des vœux infinis.

3.

Les fleuves, les ruisseaux, les torrents, les fontaines,
Portent à l'Océan leurs eaux sans le grossir;
Le torrent tout entier des délices humaines
Dans l'abîme du cœur se perd sans le remplir.

4.

Mon cœur a-t-il en vain cette grandeur immense?
Je vois combien Jésus est jaloux de ma foi.
Je vois que ton amour, je sens que ta puissance,
En le faisant si grand, ne le fit que pour toi.

5.

Brise, ô Dieu! les liens où mon âme captive
Entre le monde et toi partage ses soupirs,
Et dirige mes pas vers la source d'eau vive
Qui peut seule étancher la soif de mes désirs.

CANTIQUE 133.
(Des Chants de Sion le 98e.)

Chanter sur cet air le Cant. 33, *Je viens, Seigneur, te confier ma peine.*

Andantino expressivo.

C'est toi, Jé-sus! que recherche mon â-me;

A te trou-ver se bor-nent mes sou-haits;

C'est ton re-gard que sur moi je ré-cla-me;

Cant. 133.

Rends-moi, Seigneur! rends-moi ta douce paix.

2.

Jadis j'errais dans les sentiers du monde,
Ne connaissant ni ton Nom, ni ta Loi;
Tu me cherchas en cette nuit profonde,
Et, pour toujours, m'en tiras par la foi.

3.

Ta voix d'amour à moi se fit entendre:
J'appris alors que tu m'as racheté;
Et ton Esprit à mon cœur fit comprendre
Ce qu'est pour nous, ô Dieu! ta charité.

4.

Depuis ce jour, ta longue patience
A supporté mes nombreuses tiédeurs:
Je t'ai quitté, mais toujours ta clémence
A prévalu sur mes folles erreurs.

5.

Pourquoi toujours, par ma lâche faiblesse,
Trouvé-je en moi des langueurs, des ennuis?
Ah! ton amour jamais ne me délaisse;
C'est moi, Jésus! oui, c'est moi qui te fuis.

6.

Prends donc pitié de ma grande misère;
Soumets mon cœur, brise sa dureté.
A Golgotha mon âme te fut chère;
Je compte, ô Dieu! sur ta fidélité.

CANTIQUE 134.
(Du Rec. de Genève et Lyon le 163e.)

Allegretto.

O Seigneur ! ô Seigneur ! Source u-ni-que du bonheur Pour une é-ter-nel-le vi-e ! C'est par toi qu'est ré-ta-bli-e L'es-pé-ran-ce

du pé-cheur, O Sei-gneur! ô Seigneur!

2. Saint-Esprit! Saint-Esprit!
Par qui le pécheur revit!
En nous fais brûler ta flamme.
Viens purifier notre âme.
Bannis-en tout interdit,
Saint-Esprit! Saint-Esprit!

3. O Seigneur! ô Seigneur!
Du salut unique auteur!
Nous voulons chanter ta gloire,
Tes combats et ta victoire
Qui réclament notre cœur,
O Seigneur! ô Seigneur!

CANTIQUE 135.
(Des Chants chrét. le 54e.)

E - cou-tez tous u - ne bon-ne nou-

Cant. 135.

fort. No-tre sa-lut est un don du Dieu fort.

2.

Redis, ô Dieu! cette douce parole,
Dont ton Esprit a réjoui mon cœur;
Rien ne me calme et rien ne me console
Que de savoir que Christ est mon Sauveur. (bis.)

3.

Ah! je n'osais dans ma grande misère,
Dieu juste et saint! même te supplier;
Mais tu me dis: Appelle-moi ton Père!
Et c'est: Abba! que j'apprends à crier. (bis.)

4.

Aux doux concerts de tes saints, de tes anges,
Désormais donc, Seigneur, je veux m'unir.
Dans leurs transports, ils chantent tes louanges:
Heureux comme eux, comme eux je dois bénir. (bis.)

5.

Et quand Satan, jaloux de ta puissance,
Voudra troubler mon bonheur et ma foi,
Et du pardon m'enlever l'assurance,
Redis, ô Dieu: Jésus est mort pour toi! (bis.)

CANTIQUE 136.
(Du Rec. de Genève et Lyon le 2e.)

Chré-tiens! peuple fi-dè-le! Ranimons notre ar-deur, Et redoublons de zè-le Pour notre Ré-dempteur. Il vint vers nous du

Cant. 136.

2. Vous âmes affligées
Accourez à ce Roi.
Vous serez soulagées,
L'invoquant avec foi.
Jésus-Christ de son bras
Protége ceux qu'il aime;
Son cœur toujours le même } (bis.)
Ne les délaisse pas.

3. Jésus est notre Frère :
Implorons son secours;
Au fort de la misère,
Qu'il soit notre recours.
Ses charitables soins
Défendent notre vie;
Sa puissance infinie } (bis.)
Pourvoit à nos besoins.

4. Ce Bien-aimé du Père
Détourne les fléaux
Dont l'ardent Adversaire
Menace ses troupeaux.
C'est notre Protecteur:
Qu'à jamais son Église,
A ses ordres soumise, } (bis.)
Célèbre son honneur!

CANTIQUE 137.
(Des Chants chrét. le 149e.)
Air du Cantique 154, *Comme en un bois épais.*

1. Il est en Israël une source abondante
Qu'Emmanuel remplit de son sang précieux,
Et tout mortel qui met en lui seul son attente
Y lave pour jamais ses péchés odieux.

2. Divin Agneau de Dieu! du sang de l'alliance,
Répandu sur la croix pour de pauvres pécheurs,
Jusqu'à la fin des temps durera la puissance,
Et tous les rachetés seront plus que vainqueurs.

3. Le brigand converti trouva dans ce refuge
Une espérance vive à ses derniers moments.
Coupable comme lui, tremblant devant mon Juge,
C'est là que j'ai cherché la fin de mes tourments.

4. Misérable et pécheur, j'ai la ferme assurance
   D'un salut tout gratuit à grand prix acheté.
   L'Évangile au captif promet la délivrance;
   Au malade, au mourant, il promet la santé.

5. Je reprendrai mes chants dans un plus doux langage
   Quand la mort aura clos mes lèvres pour jamais;
   Et mon âme, échappée à son dur esclavage,
   Changera d'instrument et non pas de sujet.

6. Sur une harpe d'or, par mon Dieu préparée,
   Je chanterai l'amour et le nom glorieux
   Du Berger qui chercha sa brebis égarée
   Et la prit dans ses bras pour la porter aux cieux.

CANTIQUE 138.
(Des Chants chrét. le 42e.)

Tu parais, ô Jésus, et ta bouche proclame L'an favorable du Seigneur. C'est à

Cant. 138.

2. D'un seul mot il guérit des souffrants la misère;
Des captifs il brise les fers;
Et dans les yeux éteints il verse la lumière
Qui doit éclairer l'univers. (bis.)

3. O Seigneur! que je sois de ceux que tu soulages!
Fils d'Adam, j'ai souvent péché,
Tu vins pour des pécheurs, et non pour des sages;
Fais-toi trouver! je t'ai cherché. (bis.)

4. Israël au désert, pour renaître à la vie,
Regardait au serpent d'airain.
Un regard sur Jésus est pour l'âme qui prie
L'aurore d'un nouveau matin. (bis.)

5. Que j'apprenne, ô mon Dieu! ce regard d'espérance
Du croyant qui s'attend à toi.
Je crois, mais sans avoir une ferme assurance:
Augmente donc ma faible foi! (bis.)

CANTIQUE 139.
(Du Rec. de Genève et Lyon le 35e.)

Cant. 139.

2. Aux jours marqués par toi pour racheter mon âme,
   Il s'est anéanti, ce Sauveur éternel.
   Né pauvre, il vécut pauvre, et sur un bois infâme,
   Mourant, il m'a rouvert les portes de ton ciel. (bis.)

3. Heureux qui, connaissant sa profonde misère,
   Sur ce divin Sauveur se repose avec foi!
   Il reçoit son pardon, il trouve en toi son Père;
   Il obtient ton Esprit pour pratiquer ta loi. (bis.)

4. Croissant en charité, il est exempt de crainte.
   Pour lui de chaque bien s'augmente la douceur.
   Et souffrant il ne fait entendre aucune plainte;
   Ne sait-il pas que tout concourt à son bonheur? (bis.)

5. Non, ni la pauvreté, ni la mort, ni la vie,
   Rien ne peut lui ravir ton éternel amour:
   S'il vit, c'est dans la paix, car il te glorifie :
   S'il meurt, c'est pour passer au céleste séjour. (bis.)

6. Augmente donc en moi, grand Dieu! la repentance.
   Que, par la foi, sur Christ mon œil soit arrêté,
   Et que ton saint Esprit scelle mon espérance
   En faisant abonder en moi la charité. (bis.)

CANTIQUE 140.

(Des Chants de Sion le 69e.)

Cant. 140.

Que nous ve-nons, Seigneur! à cette table.

Qu'ap-por-te-rait un pé-cheur mi-sé-ra-ble,

Que le far-deau de son in-di-gni-té!

2.

Si nous osons nous tenir devant toi,
Si, nous pécheurs, nous contemplons ta face,
Ah! c'est, ô Dieu! dans la douce efficace
De cette paix que nous donne la foi.

3.

Oui, notre foi regarde ailleurs qu'à nous:
Sur ton cher Fils s'arrête notre vue,
Sur cette mort que son âme a connue;
Et notre cœur ne craint plus ton courroux.

4.

Oh! profondeur de ta compassion!
Ton Bien-aimé mourant sous ta colère,
Et toi, Grand Dieu! toi, te faisant le Père
D'hommes chargés de malédiction!

5.

Ta charité, ta grande charité,
Chargea sur toi nos peines éternelles;
Ta charité, pour nous, pécheurs rebelles,
Jusqu'à mourir, ô Jésus! t'a porté.

6.

Pour nous ton corps fut rompu sur le bois.
Ton sang, ô Dieu! coula pour nos offenses;
Et de la mort tu goûtas les souffrances,
Pour nous maudits et perdus mille fois.

7.

Par ton Esprit donne-nous plus d'amour,
Plus de ferveur, de force et de constance!
Qu'en nous, Seigneur! ta sainte ressemblance
De gloire en gloire augmente chaque jour!

CANTIQUE 141.

(Des Chants chrét. le 160e.)

Air des C. 50, *Seigneur, en ma souffrance;* et 148, *Trésor incomparable.*

1.
Non, rien en ma personne
N'est digne d'être aimé ;
Ce que Jésus me donne
Peut seul être estimé.
Jésus est ma justice,
Ma gloire, mon appui.
Il m'aime, il m'est propice,
Et je puis tout par lui.

2.
Nul ne peut à mon âme
Disputer son bonheur.
De l'enfer, de sa flamme,
Je ne sens nulle peur.
Le Seigneur, juste Juge,
Est mon plus tendre ami.
Son cœur est le refuge
Où je suis garanti.

3.
Son Esprit, qui réside
Au temple de mon cœur,
Est mon conseil, mon guide,
Ma garde, mon tuteur.
Quand je ne sais que dire,
Il forme mes désirs ;
Il m'instruit, il m'inspire
D'ineffables soupirs.

4.
Cet Esprit, qui console,
Dit à mon cœur chargé
Cette douce parole :
Tu seras soulagé !
Il est un tabernacle
Où, pour jamais heureux,
Tu verras, sans obstacle,
La face de ton Dieu.

5.
Dans la sainte demeure
Le lieu m'est préparé.
En quel temps que je meure,
Le ciel m'est assuré.
Suis-je dans la souffrance,
Il adoucit mes pleurs.
Sa divine présence
Soulage mes douleurs.

6.
Oui, malgré la tempête,
Jésus, à qui je suis,
Toujours sous sa houlette
Gardera sa brebis.
Dussé-je pour mon Maître
Perdre tout ici-bas,
A lui seul je veux être ;
Je ne le quitte pas.

7.
Si le monde présente
A mes yeux, à mon cœur,
Sa pompe séduisante,
Je regarde au Sauveur.
Et fût-ce un ange même
Qui voulût me tenter,
Du sein de Dieu qui m'aime
Il ne pourra m'ôter.

8
De saints transports de joie
Se saisissent de moi ;
Je vois clair dans ma voie,
Et je marche avec foi.
Jésus est la lumière
Qui sur mon cœur reluit,
L'étoile matinière
Qui dissipe la nuit.

2. Ah! quel ami pourrait sur cette terre
Me consoler dans ma douleur amère!
Où donc aller si ce n'est point à toi?
Tes bras, Seigneur, s'ouvrent toujours pour moi. } (bis.)

3. Le malheureux, qui, dans son infortune,
S'adresse à toi, jamais ne l'importune.
Allez à lui, travaillés et chargés;
Vous reviendrez guéris ou soulagés; } (bis.)

4. Si je n'avais cette foi consolante,
Je trouverais chaque peine accablante;
Mais puisque Dieu me prête son secours,
Il n'est pour moi plus de fardeaux trop lourds. } (bis.)

5. Auprès du Père un avocat fidèle
Plaide pour moi, pour mon âme immortelle.
Ah! du mondain combien je plains le sort!
Qu'espère-t-il au delà de la mort? } (bis.)

6. Quoique je sois affligé, misérable,
Mon cœur éprouve un calme inaltérable.
Je ne crains rien: de quoi puis-je avoir peur?
J'ai Dieu pour aide et pour libérateur! } (bis.)

CANTIQUE 143.
(Des Chants de Sion le IIe.)

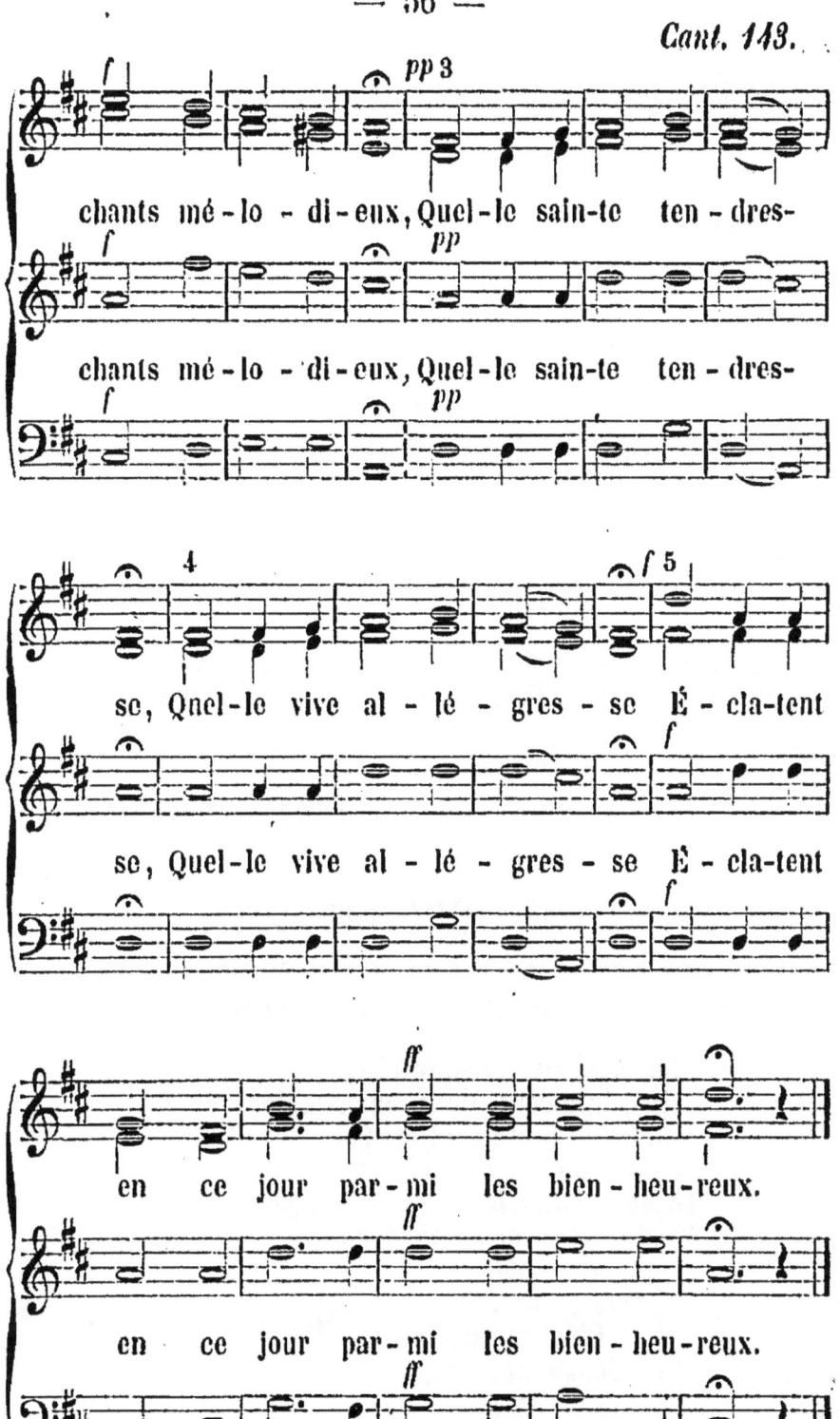

Cant. 143.

Cant. 143.

2. «Un pécheur est sauvé,» redisent-ils en chœur:
«Il vient de s'approcher de la croix du Sauveur,
    Son âme est convertie;
    La mort est engloutie
Pour cet enfant de Dieu, pour cet élu vainqueur.»

3. Mon âme! c'est pour toi que les cieux sont émus!
Pour toi se réjouit le peuple de Jésus:
    Pour toi ce chant de gloire,
    Cet hymne de victoire,
Se répète au séjour des saints et des élus!

4. O mon Dieu! mon Sauveur! pour moi tu t'es donné!
En prenant tout sur toi, tu m'as tout pardonné:
    O divine clémence!
    Je t'adore en silence,
Et devant tant d'amour je reste prosterné.

5. Des rachetés de Christ j'ai donc la douce paix!
Son esprit, à mon Dieu, me donne un' libre accès.
    Sa grâce est mon partage,
    Son ciel mon héritage;
Et pour moi ce bonheur ne finira jamais!

CANTIQUE 144.

(Du Rec. des Églises évang., conf. d'Augsbourg, le 187*.)

Air du Cantique 18, *Entonnons un saint Cantique.*

1. Jésus, Sauveur adorable,
  Saint, innocent, doux, charitable,
  Auteur de toute sainteté,
   La pureté des saints anges,
  Toute la splendeur des archanges
  N'est devant toi qu'obscurité.
     O modèle parfait,
      Grave en moi ton portrait;
        C'est ton œuvre.
         Jésus mon roi,
          Accorde-moi
    D'être pur et saint comme toi.

2. Jésus, serviteur fidèle,
   Toi qui jusqu'à la mort cruelle
   Restas soumis, obéissant,
   Donne-moi l'obéissance
   Pour que je suive avec constance
   Ton exemple fidèlement.
      Que comme un simple enfant,
       Je sois doux, patient
         Et docile.
       Jésus, mon roi,
        Ah! donne-moi
   D'être obéissant comme toi.

3. Toi qui jamais ne sommeilles,
   Mais qui toujours sur les tiens veilles
   Par les regards de ton amour,
   Quelle fut ta vigilance,
   Quand dans ta vie et ta souffrance
   Pour nous tu veillais nuit et jour!
      Donne à ton faible enfant
      Un cœur toujours veillant
        Plein de zèle.
       Jésus, mon roi,
        Accorde-moi
   D'être vigilant comme toi.

4. Bienfaisant comme ton Père,
   Jésus, tu répands la lumière
   Sur les bons et sur les mauvais;
   Tu fais descendre la pluie
   Et sur le juste et sur l'impie
   Et les combles de tes bienfaits.
   Tu t'es donné pour nous;
   Faire du bien à tous,
        C'est ta joie.
       Jésus, mon roi,
        Ah! donne-moi
   D'être bienfaisant comme toi.

5. Jésus doux et débonnaire,
   Qui, toujours lent à la colère,
   Fus envers tous prompt au pardon,
   Plein de support, d'indulgence,
   Tu n'usas jamais de vengeance
   Que pour ton Père et pour son nom.

Cant. 144.

> Ah! rends-moi patient,
> Volontiers pardonnant
>   Les offenses.
>   Jésus, mon roi,
>   Accorde-moi
> D'être doux et bon comme toi.

6. O Christ, puissant roi de gloire,
Ton humilité méritoire
Te fit aimer l'abaissement.
 Tu vins souffrir sur la terre
Une pauvreté volontaire,
Ainsi que le plus indigent.
   Donne-moi donc un cœur
   Sans orgueil, sans hauteur,
     Je t'en prie.
     Jésus, mon roi,
     Accorde-moi
D'être humble de cœur comme toi.

7. Victime pure et sans tache,
Ah! fais qu'à suivre je m'attache
Ton exemple de chasteté,
 Ton modèle d'innocence,
Et de parfaite continence,
Pour être exempt d'impureté.
   Retranche tout, Seigneur,
   Ce qui reste en mon cœur
     De souillures.
     Jésus, mon roi,
     Accorde-moi
D'être chaste et pur comme toi.

8. Puissé-je, Sauveur fidèle,
Suivre en tout ton parfait modèle
Être rendu conforme à toi!
   Veuille, ô Dieu, par ta puissance
Me former à ta ressemblance
Pour porter les fruits de la foi.
   Que ton œuvre, Seigneur,
   S'opère dans mon cœur
     Et s'avance!
     Jésus, mon roi,
     Ah! donne-moi
De vivre et mourir comme toi.

2.
Il est notre Vie éternelle.
　Oh! quel amour!
Célébrons son œuvre immortelle.
　Oh! quel amour!
Par son sang notre âme est lavée.
Au désert il l'avait trouvée;
Dans son bercail il l'a sauvée.
　Oh! quel amour!

3.
Il s'est offert en sacrifice.
　Oh! quel amour!
Nous bénir est tout son délice.
　Oh! quel amour!
Qu'à sa voix notre âme attentive,
Toujours en paix, jamais craintive,
Près de son cœur doucement vive!
　Oh! quel amour!

4. Pardonnés en Christ?... plus de larmes!
　Oh! quel amour!
De l'Ennemi tombent les armes.
　Oh! quel amour!
L'Eglise de biens couronnée,
A son Rédempteur attachée
A la gloire est prédestinée.
　Oh! quel amour!

CANTIQUE 146.

(Du Rec. de Genève et Lyon le 157e.)
Air du Cantique 40, *Ah! laissez-moi, terrestres joies.*

1.

Jésus, mon bonheur et ma vie!
Demeure à jamais avec moi;
Qu'à chaque pas mon cœur te prie;
Je ne saurais vivre sans toi.

2.

Je ne puis me guider moi-même;
Sois de mon âme le flambeau.
Fils de David, Berger suprême!
Viens, prends en tes bras ton agneau.

3.

Fais-moi trouver ton joug facile;
Comme une argile dans tes mains,
Rends-moi, Seigneur! souple et docile,
Propre à servir à tes desseins.

4.

Que t'imiter et te complaire
Et te consacrer tout mon cœur,
Soit ici-bas ma seule affaire:
Je ne suis plus à moi, Seigneur!

CANTIQUE 147.

(Des Chants de Sion le 31e.)

Tes brebis, ô Jé-sus! con-nais-sent ton a-

Cant 147.

2. Sur elles, jour et nuit, tu veilles avec soin.
   Tu vois quels sont leurs maux, leur force ou leur faiblesse;
   Et des faveurs de ta riche tendresse
   Chaque moment est un nouveau témoin.

3. De combien de dangers ton bras les garantit!
   Que d'ennemis défaits par ta toute-puissance!
   Pour leur repos aucune prévoyance,
   Aucun détail devant toi n'est petit.

4. C'est là ma douce part, ô mon Dieu! mon Sauveur!
   Oui, je connais ta voix; je suis sous ta houlette;
   Et j'ai la paix, et ma joie est parfaite
   Lorsqu'à ton joug je soumets tout mon cœur.

5. Aussi mon vrai désir, ce que j'attends de toi,
   C'est de voir ton Esprit m'ôter toute souillure,
   Et mettre en moi cette volonté pure
   Qui se fléchit sans murmure à ta loi.

6. Règle donc, ô Jésus! mes pas encore errants.
   Montre-moi ton sentier: qu'il soit ma seule route,
   Et que du cœur, en te suivant, j'écoute
   Et tes avis et tes commandements!

CANTIQUE 148.
(Du Rec. de Genève et Lyon le 97e.)

Tré-sor in-com-pa-ra-ble! Tendre et fi-

Cant. 148.

dèle Ami! Refuge du coupable, Pressé par l'Ennemi! Soumets à ta puissance Et mes sens et mon cœur, Toi qui

Cant. 148.

par ta souffran - ce, Gué-ris seul ma lan-gueur.

2.

Délices de ma vie!
Incorruptible pain,
Duquel se rassasie
Mon âme dans sa faim!
Dans ma faiblesse extrême
Ta vertu peut m'aider,
Et dans les tourments même
De douceurs m'inonder.

3.

Ah! montre-moi ta face
Et ton cœur plein d'amour!
Viens, ô Soleil de grâce!
M'éclairer nuit et jour.
Sans ta douce influence
La vie est une mort;
Jouir de ta présence,
C'est le plus heureux sort.

4.

Jésus-Christ, ma richesse,
Ma force et mon bonheur!
Puisque dans ma détresse
Je t'ai pour mon Sauveur,
Nul choc, nulle misère
Ne peut troubler ma paix,
Ni de Jésus, mon Frère,
Me séparer jamais.

Cant. 148.

5.

Au monde périssable
Je ne demande rien :
Du royaume immuable
Devenu citoyen,
C'est où Jésus prit place
Que j'ai mes vrais plaisirs ;
C'est où l'on voit sa face
Que tendent mes désirs.

6.

Oui, viens, Époux fidèle !
Me prendre par la main :
Que ton amour m'appelle
Au repos dans ton sein.
C'est toi que je réclame :
Viens recueillir bientôt,
En ta paix, ma pauvre âme
Dans l'Église d'en haut.

CANTIQUE 149.
(Du Rec. de Genève et Lyon le 156e.)
Air du Cantique 9, *Oui, je bénirai.*

1.

Que mon cœur vive en toi, voilà ma seule envie,
Doux maître que je sers !
Et ma langue dira la louange infinie
Du Roi de l'univers. (*bis.*)

2.

Remplis de l'Esprit saint ce cœur qui te désire ;
Et qu'à mon dernier jour
En ta paix, mon Sauveur ! je m'endorme et j'expire
Au sein de ton amour ! (*bis.*)

3.

O mon unique espoir, ô ma vie ! ô ma joie !
O bonheur des élus !
Qu'en mon infirmité ta vertu se déploie ;
Possède-moi, Jésus ! (*bis.*)

CANTIQUE 150.

(Des Chants de Sion le 124e.)

Sur toi, Sauveur, qui se fon-de, l'eut au pé-ché ré-sis-ter; L'ef-fort du mon-de Pour le ten-ter, Est comme une on-de Contre un ro-cher. Est comme une on-de Contre un ro-cher.

2.

Quelle est, ô Dieu, la puissance
D'un seul désir, d'un penchant!
Sans vigilance, — Le plus vaillant
Tombe et t'offense — En un moment. (*bis.*)

3.

Oh! qui pourra d'un vrai zèle
Suivre, Jésus, tous les pas?
L'âme fidèle — Qui n'aime pas
Ce qu'on appelle — Joie ici-bas. (*bis.*)

4.

Rends-moi ton joug plus facile,
Et dans ton sein cache-moi:
Dans cet asile, — Et par la foi,
Mon cœur tranquille, — Vivra pour toi. (*bis.*)

5.

Qu'ainsi ma paix soit parfaite,
Sois mon rocher, ô Dieu fort;
Dans la tempête — Deviens mon port,
Et ma retraite — Même en la mort. (*bis.*)

CANTIQUE 151.

(Du Rec. de Genève et Lyon le 61e.)

Cant. 151.

viens me con-so-ler et tu gui-des mes pas.

viens me con-so-ler et tu gui-des mes pas.

2.

Lorsque Jésus paraît, mon aurore se lève;
Mon jour a commencé, tout devient lumineux;
Est-il en mon esprit un nuage? il l'enlève;
Tout est resplendissant de la clarté des cieux.

3.

Christ! Orient d'en haut, Étoile matinière!
Tu fais autour de moi rayonner le bonheur;
Tu dis: «Tu m'appartiens!» alors mon âme entière,
Contrainte par l'amour, se donne à toi, Seigneur!

4.

Les cieux me sont ouverts! de ma tente d'argile
Je voudrais m'élancer; oui, je voudrais te voir,
Aller auprès de toi; puis, dans ce sûr asile,
Célébrer à toujours ta grâce et ton pouvoir.

5.

Je ne crains ni l'enfer, ni la mort redoutable;
Tu mettras sous mes pieds le Lion rugissant:
Les ailes de l'amour et ta grâce ineffable
De tous mes ennemis me rendront triomphant.

CANTIQUE 152.

(Rec. des Églises évang., conf. d'Augsbourg, le 235e.)
Air du Cantique 110, *Encore cette journée.*

1. Au Sauveur j'abandonne
Ma vie et ma personne,
Mes projets et mes vœux.
Sans lui rien ne prospère,
Sans mon céleste père
Rien ne saurait me rendre heureux.

2. Oui, de sa providence
Avec reconnaissance
Je veux tout accepter.
Ce qu'il lui plaît de faire,
M'est toujours salutaire.
Cesse, mon cœur, de t'agiter.

3. Je reçois avec joie
Tout ce que Dieu m'envoie,
Et, dans l'adversité,
Quand sa main me châtie,
Du Dieu qui m'humilie,
Je respecte la volonté.

4. J'attends tout de sa grâce
Constamment efficace
Pour qui regarde à lui;
Quand le péril me presse,
Il connaît ma détresse
Et se déclare mon appui.

5. Oui, mon âme est tranquille.
O mon Dieu, mon asile,
Tu m'as pris par la main.
Je sais que cette vie
Pour moi sera suivie
D'un parfait repos dans ton sein.

CANTIQUE 153.

(Des Chants de Sion le 192e.)
Air des C. 132, *Pleine des plus beaux dons;* et 154, *Comme en un bois.*

1. Un pauvre voyageur, absent de sa patrie,
Par ses ardents souhaits devance le moment
Qui verra le retour à la terre chérie,
Où, près de ses amis, un doux repos l'attend.

Cant. 153.

2. Oh! qu'il est consolé, lorsque le jour arrive
Où tout est préparé pour cet heureux départ!
De son pays enfin il va toucher la rive;
Ses vœux impatients repoussent tout retard.

3. Pourquoi donc sentons-nous qu'en traversant la vie
Nous n'avons pour le ciel que des soins languissants?
Oui, pourquoi notre cœur a-t-il si peu d'envie
De voir l'éternité succéder à nos ans?

4. Ce cœur n'aime donc pas la patrie éternelle
Où notre rédempteur règne au milieu des siens!
Notre âme, en s'y rendant, ne trouve donc en elle
Que de tristes dégoûts pour les célestes biens!

5. O! gens de peu de foi, cœurs charnels que nous sommes!
Qu'attendons-nous encor pour aimer notre Dieu?
Vivrons-nous donc toujours comme vivent les hommes?
Pour nous le vrai repos est-il en ce bas lieu?

6. Ah! bientôt finira ce rapide passage:
Bientôt nous rougirons de toutes nos lenteurs,
De nos lâches délais à saisir l'héritage
Que Jésus nous acquit au prix de ses langueurs.

7. Courage donc, chrétiens! Ranimons notre course!
Le terme est près de nous: c'est la porte des cieux!
Notre âme, en y tendant, remonte vers la source
D'où descendit sur nous le salut glorieux.

8. Pensons à ce beau jour où, quittant cette terre,
Nous contemplerons Dieu, nous entendrons sa voix,
Où nous verrons Jésus, notre ami, notre frère,
Oui, le même Jésus qui mourut sur la croix!

9. Tournons donc nos désirs vers ce jour qui s'avance.
Appelons le Seigneur; disons-lui: «Viens bientôt!»
Soyons prêts à partir et, dans la vigilance,
De notre sainte foi gardons le bon dépôt.

10. Oh! quel moment béni, quelle heure fortunée
Que celle où, pour toujours, nous laisserons la mort!
Ah! par tous nos souhaits, hâtons cette journée
Où de la vie enfin nous toucherons le port!

CANTIQUE 154.
(Des Chants de Sion le 95e.)

un doute en-tou - rait le cœur de son en - fant.

2.

Hélas! ils sont nombreux les moments de nos peines.
Souvent nos durs sentiers traversent le désert.
Mais là-même, ô Jésus! jaillissent tes fontaines;
Là-même ton rocher nous reçoit à couvert.

3.

O chrétien voyageur! ne crains pas la tempête;
Ne crains pas du midi les pesantes ardeurs.
Ne vois-tu pas Jésus qui dès longtemps apprête
Ce refuge où, vers lui, vont cesser tes langueurs?

4.

Non, dans les sombres jours de ta marche pénible,
Jamais, ô racheté! tu n'es seul ici-bas.
Ton Berger, ton Sauveur, se tient, quoique invisible,
Sans cesse à tes côtés, et veille sur tes pas.

5.

Quoi! peut-il ignorer que ton âme est souffrante,
Lui qui de tous tes maux supporta tout le poids?
Ou bien retiendrait-il sa force consolante,
Lui qui pour tes péchés mourut sur une croix?

6.

Avance donc en paix: poursuis vers ta patrie
Le chemin que ton Dieu t'a lui-même tracé;
Et pense que Jésus, dans le ciel, pour toi prie,
Lorsqu'ici tu te plains, de fatigue oppressé.

CANTIQUE 155.
(Des Chants chrét. le 198e.)

Vers toi, Seigneur! au jour de la tristesse,
Mon âme exhale un douloureux soupir;
Et s'appuyant sur ta sainte promesse,
Peut à la fois espérer et souffrir.
Que ton pouvoir dissipe au loin l'orage Qui

2. Dans le péril, à l'ombre de tes ailes,
   Je puis trouver secours, sécurité;
   Et je reçois de tes mains paternelles
   Force et repos dans mon cœur agité.
   Quand je succombe aux combats de la vie,
   Il me suffit de regarder vers toi;
   Mon âme alors est soudain recueillie
   Sur le rocher trop élevé pour moi.

3. Il vient le jour de notre délivrance;
   De tous nos maux s'approche aussi la fin.
   O mon Sauveur! donne-moi l'assurance
   Que nul ne peut me ravir de ta main.
   Quand de la mort, messagère fidèle,
   Je subirai l'inévitable loi,
   Que dans les cieux ta douce voix m'appelle
   Sur le rocher trop élevé pour moi.

CANTIQUE 156.

(Du Rec. de Genève et Lyon le 108e.)

Air du Cantique 57, *T'aimer Jésus, te connaître.*

1. O toi, que notre cœur aime !
Dieu plein de grâce et d'amour !
Nous entrons dans le ciel même,
Pour t'adorer en ce jour.
C'est ta famille chérie
Qui se presse autour de toi ;
En Jésus tu l'as bénie,
Ah ! garde-la dans la foi !

2. Pour nous pécheurs, quelle gloire
De contempler le Dieu fort,
Et de chanter la victoire
De Jésus-Christ mis à mort !
C'est ta famille chérie
Qui se presse autour de toi ;
En Jésus tu l'as bénie,
Ah ! garde-la dans la foi !

3. Nous sommes, sur cette terre,
Étrangers et voyageurs ;
Le séjour de la lumière
Peut seul réjouir nos cœurs.
C'est ta famille chérie
Qui se presse autour de toi ;
En Jésus tu l'as bénie,
Ah ! garde-la dans la foi !

4. Quelle grâce, ô tendre Père !
De connaître ton amour,
D'avoir Jésus-Christ pour Frère
Et d'attendre son retour !
C'est ta famille chérie
Qui se presse autour de toi ;
En Jésus tu l'as bénie,
Ah garde-la dans la foi !

5. Il vient, bonheur ineffable !
Chante, Église du Seigneur !
Bientôt tu seras semblable
A ton puissant Rédempteur.
C'est ta famille chérie
Qui se presse autour de toi ;
En Jésus tu l'as bénie,
Ah ! garde-la dans la foi !

CANTIQUE 157.

(Du Rec. de Genève et Lyon le 35e.)
Air du Cantique 44, *O Seigneur, ô Sauveur.*

1.

Tu m'as aimé, Seigneur! avant que la lumière
Brillât sur l'univers que ta voix a formé,
Et que l'astre du jour, parcourant sa carrière,
Versât la vie à flots sur la nature entière :
 Mon Dieu, tu m'as aimé! (*bis.*)

2.

Mon Dieu! tu m'as aimé, quand sur la croix infâme
On vit de Jésus-Christ le corps inanimé;
Quand, pour me racheter de l'éternelle flamme,
Ton saint Fils a porté les crimes de mon âme,
 Mon Dieu, tu m'as aimé! (*bis.*)

3.

Mon Dieu! tu m'as aimé, quand, par l'Esprit de vie,
Le feu de ton amour, en mon cœur allumé,
Ouvrit les nouveaux cieux à mon âme ravie;
Quand la paix fut en moi de sainteté suivie,
 Mon Dieu, tu m'as aimé! (*bis.*)

4.

Tu m'aimeras toujours! Ni la chair, ni le monde,
Ni l'enfer, de tes dons n'arrêteront le cours;
Où le mal abonda, ta grâce surabonde;
A ton amour, ô Dieu! que mon amour réponde,
 Toi qui m'aimes toujours! (*bis.*)

CANTIQUE 158.

(Des Chants chrét. le 11e.)

Cant. 158.

2.
Demeure en moi, Jésus, et qu'en toi je demeure,
Trouvant dans ton amour le plus fort des liens,
Portant beaucoup de fruits, chaque jour, à chaque heure,
Et renonçant à tout pour jouir des vrais biens.

Cant. 158.

3.

Celui qui croit en toi, ta bouche le déclare,
Accomplira, Seigneur, les œuvres que tu fis.
Je crois... et d'où vient donc que mon âme s'égare
Si loin du droit sentier que toujours tu suivis?

4.

Hélas! c'est que souvent je tourne vers le monde
Des yeux qui ne devraient s'arrêter que sur toi!
Ne me retranche pas... non, Seigneur, mais émonde,
Pour que j'apprenne mieux à pratiquer ta loi.

5.

Toutefois que jamais mon cœur ne se confie
En mes pas chancelants pour arriver au but;
Tu donnas pour les tiens, divin Jésus, ta vie,
Et c'est mon seul espoir de paix et de salut.

CANTIQUE 159.
(Des Chants chrét. le 125e.)
Air du Cantique 122, *Dieu fort et grand*.

1. Le temps est court, hâtons-nous; l'heure avance
   Où l'Éternel viendra juger nos cœurs.
   Cherche, ô mon âme! une bonne espérance,
   Fuis le sommeil et la paix des pécheurs.

2. Le temps est court, ô monde! pour ta gloire,
   Pour tes faux biens, pour ta frivolité.
   De ton orgueil périra la mémoire;
   De ton éclat passera la beauté.

3. Le temps est court, âme triste et souffrante,
   Enfant de Dieu sur la terre exilé!
   Lève les yeux; encore un peu d'attente,
   Et vers ton Dieu tu seras consolé.

4. Le temps est court pour finir notre tâche:
   A l'œuvre donc puisqu'il est encor jour!
   Combats, agis, chrétien, ne sois point lâche;
   Ton Maître vient, sois prêt pour son retour.

CANTIQUE 160.
(Des Chants de Sion le 165e.)

Mon cœur joyeux, plein d'espé-ran-ce, S'élève à toi, mon Ré-demp-teur! Daigne é-cou-ter, a-vec clé-men-ce, Un pauvre humain faible et pé-cheur. En toi seul

est ma con-fi - an - ce, En toi seul est tout mon bon-heur.

2. Dans ses péchés, jadis mon âme,
   O Dieu! mourait loin de ta croix.
   Mais aujourd'hui je te réclame,
   Je connais ta puissante voix,
   Et dans mon cœur je sens la flamme
   De l'amour de tes saintes lois.

3. C'est vers ton ciel que, dans ma course,
   Je vois aboutir tous mes pas.
   De ton Esprit la vive source
   Me rafraîchit quand je suis las;
   Et, dans le danger, ma ressource
   Est dans la force de ton bras.

4. Le jour, je suis sous ta lumière;
   La nuit je repose en ton sein.
   Au matin, ton regard m'éclaire
   Et m'ouvre un facile chemin:
   Et chaque soir, ô mon bon Père!
   Tu prépares mon lendemain.

5. Si quelque ennui vient me surprendre,
   Ou si je trouve la douleur,
   A toi tu me dis de m'attendre,
   Sous ta main tu calmes mon cœur;
   Et bientôt tu viens y répandre
   Le baume du Consolateur.

6. Je vois ainsi venir le terme
De mon voyage en ces bas lieux,
Et j'ai l'attente vive et ferme
Du saint héritage des cieux :
Sur moi si la tombe se ferme,
J'en sortirai tout glorieux.

CANTIQUE 161.

(Des Chants de Sion le 186e.)

En-cor quelques jours sur la ter-re, En-cor quelque peu de mi-sè-re; Et vers son Dieu mon

Cant. 161.

â-me se ren-dra. Je vois dé-jà le bout de la car-
riè-re Où pour tou-jours mon combat fi-ni-ra.

2. Encor quelques maux, quelques larmes,
  Quelques ennuis, quelques alarmes,
 Et quelque temps de faiblesse et d'erreur;
 Puis je verrai les ineffables charmes
 De ce séjour où règne le Seigneur.

3. Encor un peu, par tes vains songes,
  Et ce néant où tu te plonges,
 O monde impur! tu voudras me tenter;
 Bientôt pour moi finiront tes mensonges;
 J'ai mon salut; tu ne peux me l'ôter.

4. Ainsi, Jésus! plein d'espérance,
  J'attends en paix, en assurance,
 Selon ton gré, la fin de mes travaux;
 Tu vas venir, et ta toute-puissance
 M'introduira dans l'éternel repos.

CANTIQUE 162.

(Du Rec. de Genève et Lyon le 188e.)

2. Je compte les jours, les moments;
   Je languis dans la peine;
   O Jésus! quand viendra le temps
   Où tu rompras ma chaîne?
   Quand pourrai-je, dans le saint lieu,
   Contempler, ô mon Roi, mon Dieu!
   Ta beauté souveraine?

3. Tu sais bien que souvent ma foi
   Est faible et languissante;
   Saint d'Israël! protége moi
   Par ta vertu puissante.
   Sois mon asile et mon recours;
   Daigne en moi signaler toujours
   Ta faveur éclatante.

4. Jusqu'au jour où je te verrai
　　Dans l'éternelle gloire,
　Où dans ton sein j'exalterai
　　Ta mort expiatoire,
Sois ma seule part et mon fort,
Mon gain dans la vie et la mort,
　　Ma joie et ma victoire.

CANTIQUE 163.
(Des Chants chrét. le 189e.)

Air du Cantique 40, *Ah ! laissez-moi terrestres joies.*

1. Pour nous bientôt luira l'aurore
　D'une félicité sans fin.
　Seigneur ! quelques instants encore,
　Et tu nous ouvriras ton sein.

2. O jour heureux, lorsqu'en ta gloire
　Aux yeux des tiens tu paraîtras !
　Avec le cri de la victoire,
　Nous volerons tous dans tes bras.

3. Comme au matin, quand la lumière
　De l'horizon chasse la nuit,
　Tel ce jour sur notre carrière
　Brille déjà : l'ombre s'enfuit.

4. Du péché brisons donc la chaîne
　Et rejetons tout vain fardeau.
　D'un monde impur bravons la haine ;
　Car devant nous marche l'Agneau.

5. Hâtons nos pas vers la patrie ;
　Christ nous attend, rempli d'amour.
　Entendez-vous sa voix qui crie :
　«Venez, élus, au saint séjour !»

6. Si le temps fuit et nous entraîne,
　C'est dans les bras d'Emmanuel.
　Bientôt aura cessé la peine,
　Et le repos est dans le ciel.

CANTIQUE 164.

(Des Chants chrét. le 5e.)

Air du Cantique 84, *Seigneur Jésus, du haut de ta demeure.*

1. Dans le désert où je poursuis ma route
Vers le pays que je dois habiter,
Que nul ennui, nul travail ne me coûte,
Car c'est des cieux que je dois hériter. } (bis.)

2. Mon Rédempteur, ô guide en qui j'espère,
Protége-moi contre le faix du jour.
Pendant la nuit que ta clarté m'éclaire,
Dans tous les temps conduit par ton amour! } (bis.)

3. Chaque matin, ta bonté paternelle
Répand d'en haut mon pain quotidien;
Et quand, le soir, je m'endors sous ton aile,
C'est toi qui prends souci du lendemain. } (bis.)

4. O mon Rocher! Que les eaux de ta grâce
Sortent de toi pour me désaltérer;
De ton Esprit que la sainte efficace
Préserve, ô Dieu! mon cœur de murmurer. } (bis.)

5. Quand le péché, de sa dent venimeuse,
M'a déchiré pour me faire périr,
Un seul regard sur ta croix glorieuse,
Puissant Jésus, suffit pour me guérir. } (bis.)

6. Bientôt pour moi le terme du voyage
Amènera le moment du repos;
Et du Seigneur le puissant témoignage
Me gardera contre les grandes eaux. } (bis.)

7. O mon pays, terre de la promesse,
Mon cœur ému de loin t'a salué;
Dans les transports d'une sainte allégresse,
O Dieu! ton nom soit à jamais loué! } (bis.)

CANTIQUE 165.

(Des Chants chrét. le 173e.)
Air du Cantique 54, *Oui pour son peuple Jésus prie.*

1.

Fraternité céleste et sainte,
Ce n'est qu'en Christ qu'on te connaît;
Fais-nous sentir ta vive étreinte:
Dans ta douceur l'âme renaît.
Loin de Jésus, jadis notre âme
Méconnaissait ce doux accord;
Du monde alors l'impure flamme
Seule éveillait notre transport.

2.

Mais, ô Seigneur! quand ta tendresse
Nous enrichit de ton pardon,
A notre cœur plein d'allégresse
Tu fis goûter ce nouveau don.
Si depuis lors notre faux zèle
A relâché le nœud d'amour,
Oh! viens encor, Sauveur fidèle,
Le resserrer de jour en jour.

3.

Ne permets plus que nos misères
Interrompent ces saints transports;
Qu'en un faisceau tu nous resserres
Pour ne former en toi qu'un corps.
Bannis de nous l'aigreur, l'envie,
La médisance et la froideur;
Répands sur nous l'Esprit de vie,
De foi, d'amour et de ferveur.

4.

Que nous puissions vivre sans cesse
Dans cet amour qui nous unit;
Qu'il soit la part et la richesse
De ce troupeau qui t'en bénit.
Exauce, ô Dieu! notre prière;
Viens nous unir à notre époux.
Nous t'en prions, ô tendre Père!
Dans l'unité consomme-nous!

CANTIQUE 166.

(Des Chants de Sion le 51e.)
Air du Cantique 40, *Ah! laissez-moi.*

1. Frères! approchons-nous ensemble
   De l'Éternel, notre Sauveur.
   C'est son grand Nom qui nous rassemble:
   Égayons-nous à son honneur.

2. Loin des vains bruits de cette terre,
   En repos ici recueillis,
   Dans le céleste sanctuaire
   Par la foi nous sommes admis.

3. Notre Père, quoique invisible,
   Sur nous tient ses yeux abaissés,
   Et sous sa lumière paisible,
   Devant lui nous sommes placés.

4. Ensemble donc, cherchons sa face
   Et l'invoquons avec ferveur;
   Et de son Esprit l'efficace
   Se répandra dans notre cœur.

5. Écoute-nous, ô notre Père!
   Prête l'oreille à nos accents,
   Et daigne exaucer la prière
   Qu'en Jésus t'offrent tes enfants.

CANTIQUE 167.

(Des Chants chrét. le 101e.)
Air des C. 36, *Dans l'abîme de misères*; et 57, *T'aimer Jésus, le connaître.*

1.

Père saint, je te rends grâce!
Ta maison s'ouvre, j'y cours.
Me voici devant ta face;
Ah! que n'y suis-je toujours!
Viens à moi qui te réclame,
Viens à mes frères, mes sœurs;
A leurs âmes joins mon âme!
Fais un seul cœur de nos cœurs!

2.

Mais, hélas! dans cette enceinte
Le monde encor me poursuit;
Devant ta majesté sainte
Du siècle j'entends le bruit.
Tiens donc mon âme captive;
Qu'ici, tout entière à toi,
Humble et pieuse, elle vive
De ton souffle et de sa foi!

3.

Quand nous lirons ta Parole,
Ouvre nos cœurs pour l'ouïr;
Soit qu'elle frappe ou console,
Elle doit nous réjouir.
Puis, d'une voix unanime
Quand nous prirons à genoux,
Qu'un doux espoir nous anime,
Et que l'Esprit parle en nous!

4.

Du pasteur bénis le zèle,
Et, comme un bon messager,
Qu'il nous guide, sous ton aile,
Vers le céleste Berger.
Dispose-nous à le suivre,
Quand sa pieuse ferveur
Dira: Celui qui délivre,
C'est Jésus, le Dieu Sauveur.

5.

O divin Fils de Marie,
Plaide ici, plaide pour moi!
Le pauvre pécheur qui prie
S'approche de Dieu par toi.
Que ta parfaite clémence
Daigne encor se déployer,
Et qu'un jour plus pur commence
A luire sur mon sentier!

Cant. 168.

J'a-dore, ô Pè-re, Ta ma-jes-té.

2. Mais, ô folie!
Sujet d'effroi!
L'homme t'oublie;
Il vit sans toi;
Et ton ouvrage
Cache au pécheur,
Comme un nuage,
Son Créateur.

3. Ce Dieu suprême,
Riche en bonté,
Perçant lui-même
L'obscurité,
Paraît sans voile
Devant nos yeux,
Comme une étoile
Qui brille aux cieux.

4. Jésus le Juste,
Voilà, Seigneur!
Le temple auguste
De ta splendeur,
Il nous révèle
Ta sainteté,
Et nous décèle
Ta vérité.

5. Le cœur qui t'aime,
Dieu d'Israël!
Devient lui-même
Un humble autel
Où pour ta gloire
Brûle l'encens :
C'est l'oratoire
De tes enfants.

6. Par un miracle
Dresse en mon cœur
Ton tabernacle,
Puissant Sauveur!
Que la prière
Du Saint-Esprit
Y monte au Père
Par Jésus-Christ!!

CANTIQUE 169.
(Du Rec. de Genève et Lyon le 106e.)
Air du Cant. 132, *Pleine des plus beaux dons*, et de la Mélodie n° 175.

1. J'élèverai la voix pour chanter tes louanges,
 Père d'éternité, doux Prince de la paix,
 Roi de cet univers, Jésus! l'amour des Anges,
 Toi qui subis la mort pour prix de mes forfaits!

2. Dans ce jour, ô Seigneur! resplendit ta victoire,
 Tu brisas de la mort les impuissants liens;
 Entraînant sur tes pas, pour jouir de ta gloire,
 Ces bienheureux captifs que tu combles de biens.

3. Que ce jour, ô mon Dieu! soit aussi pour mon âme
 Un jour où de la mort le pouvoir soit brisé!
 De la vie, en mon sein, viens ranimer la flamme;
 Chasse les vains désirs qui m'ont trop abusé.

4. Pendant le cours si lent d'une longue semaine,
 Mon front, souillé de poudre et couvert de sueur,
 S'incline vers la terre, et mon regard à peine
 Sait chercher par moments la clarté du Seigneur.

5. Que dans ce jour si beau, je relève la tête
 Vers les cieux où seront les biens sûrs et parfaits;
 Que, dans le saint repos de ces instants de fête,
 Aux sources du bonheur je m'abreuve à longs traits!

6. Quand il faudra, demain, aux travaux de la terre
 Me livrer de nouveau jusqu'au septième jour,
 Que ce dimanche heureux sur la semaine entière
 Verse un parfum de paix, d'espérance et d'amour!

CANTIQUE 170.
(Des Chants chrét. le 22e.)
Air du Cantique 6, *Je chanterai, Seigneur.*

1. Est-il bien vrai, Seigneur, qu'un fils de la poussière
 A ton festin d'amour par toi soit invité?
 Pour titre à tes faveurs je n'ai que ma misère:
 Mon seul droit c'est ta charité! (*bis.*)

2. Du Dieu qui nous créa consolante assurance:
 Lui-même s'est chargé de toutes nos langueurs;
 Pour prix de tant d'amour et de tant de souffrance
 Il ne demande que nos cœurs. (*bis.*)

3. Je viens donc altéré de pardon, de justice,
　 Recevoir de ta main les symboles touchants
　 Qui retracent ici ton sanglant sacrifice
　　　 Au souvenir de tes enfants. (*bis*.)

4. Toi qui m'as tant aimé, qui lavas ma souillure,
　 Qui dans mon cœur troublé fit descendre la paix,
　 O Jésus, pain du ciel, deviens ma nourriture,
　　　 Et qu'en toi je vive à jamais! (*bis*.)

5. Oui, Seigneur, en toi seul je veux puiser ma vie;
　 J'ai vécu trop longtemps du monde et du péché.
　 A ta faible brebis ouvre ta bergerie,
　　　 Et dans ton sein tiens-moi caché. (*bis*.)

CANTIQUE 171.
(Des Chants de Sion le 3e.)

2. Au loin, déjà, la moisson est blanchie;
Mais on n'y voit que peu de moissonneurs.
Ah! ranimons nos pieuses ardeurs,
Et sous nos yeux, à l'Église enrichie,
Se joindront ceux qui mouraient loin de Christ.

3. Oh! que tes pieds sont beaux sur les montagnes,
Enfant de paix, fidèle homme de Dieu!
Devant tes pas, le plus sauvage lieu
Va se changer en brillantes campagnes
Et le pécheur en disciple du Christ.

4. Brûlant d'amour, cet enfant de lumière,
Fort de sa foi, méprisant les douleurs,
Court s'opposer à d'antiques erreurs;
Et, déployant la céleste bannière,
Brise l'idôle au nom de Jésus-Christ!

5. Combat pieux! sainte et touchante guerre!
Que de captifs sous le joug de la croix!
Jésus, vainqueur du monde et de ses rois,
Règne en tous lieux à la gloire du Père;
Et tous ont vu que lui seul est le Christ.

6. O notre Dieu! cette Bonne-Nouvelle
A retenti jusqu'au fond de nos cœurs,
De ton amour les célestes douceurs
Nous font goûter l'allégresse éternelle
Qui nous attend au royaume de Christ.

7. Ton bras puissant rompit les dures chaînes,
Qui nous liaient à de nombreux péchés.
D'un monde impur tu nous as détachés.
Et, dans ta paix, nous oublions les peines,
Que trop longtemps nous eûmes loin de Christ.

Cant. 171.

8. O Fils de Dieu! tout verra ta puissance:
Tout doit un jour obéir à ta loi.
Nous, tes enfants, l'attendons par la foi.
Montre-toi donc, et, pleins de confiance,
Chargeant la croix, nous te suivrons, ô Christ.

CANTIQUE 172.
(Du Rec. d'Orléans.)

Servi-teurs de Dieu, le-vez-vous! Entendez-vous du Christ la voix qui vous ap-pel-le; Du sang qu'il a ver-sé pour tous, Al-lez faire aus-si part à la race in-fi-dèle, Al-lez faire aus-si

Cant. 172.
2. Poursuivez d'un pas assuré,
Du Christ réparateur la route triomphante,
Et, bravant l'enfer conjuré,
Répandez de la foi la lumière éclatante. (*bis.*)
Gloire à Dieu! etc.

3. Voyez, mille frères zélés
Parcourent l'univers du couchant à l'aurore,
Et les peuples, renouvelés,
Se soumettent au Dieu que le chrétien adore. (*bis.*)
Gloire à Dieu! etc.

4. Au fond des sauvages déserts,
Comme aux bords où la Seine en paix roule son onde,
La croix s'élève dans les airs;
La foi, comme un torrent, court inonder le monde. (*bis.*)
Gloire à Dieu! etc.

5. Descends du céleste séjour,
Esprit de l'Éternel, viens habiter notre âme;
Pénètre-nous de cet amour
Qui dans les cœurs chrétiens se grave en traits de flamme. (*bis.*)
Gloire à Dieu! etc.

6. Partez, faites luire ce jour,
Où tout reconnaîtra le Seigneur et sa gloire,
Où, brûlant du céleste amour,
L'univers chantera l'*Hosanna* de victoire. (*bis.*)
Gloire à Dieu! — En tout lieu,
Proclamons sa puissance,
Et de ses saintes lois,
Chantons à haute voix,
La grandeur, la bonté, la clémence.
Gloire à Dieu, — En tout lieu :
En tout lieu : — Gloire à Dieu!

CANTIQUE 173.
(Des Chants chrét. le 44e.)
Air du Cantique 171, *Saints messagers.*

1. Divin Sauveur! une vaste carrière,
S'ouvre aux travaux des messagers de paix;
De l'Évangile ils portent les bienfaits
Aux malheureux privés de sa lumière.
A leurs desseins donne un succès heureux:
Nous te prions pour eux!

Cant. 173.

2. L'homme est pécheur, et par toute la terre
   Ce mal affreux à l'homme est attaché.
   Saints ennemis de l'auteur du péché,
   Tes serviteurs lui vont livrer la guerre,
   A leurs combats donne un succès heureux :
      Nous te prions pour eux!

3. Persécuteur de la nature humaine,
   Satan contre eux soulève à chaque pas
   Mille ennemis qu'ils ne soupçonnaient pas,
   Et dont la ruse est égale à la haine,
   A leurs efforts donne un succès heureux :
      Nous te prions pour eux :

4. Quand, messagers courageux et dociles,
   Ils porteront l'Évangile et la croix
   Dans les palais, en présence des rois,
   Dans les forêts, les hameaux et les villes,
   A leurs discours donne un succès heureux :
      Nous te prions pour eux :

5. Quand, sous les feux que l'Africain respire,
   Et sous la glace où l'Esquimau s'endort,
   Pour arracher des âmes à la mort,
   Ils porteront ton nom et ton empire,
   A leurs travaux donne un succès heureux :
      Nous te prions pour eux!

6. Quand, exposés aux flèches qui dévorent,
   Aux noirs cachots, aux bûchers enflammés,
   Ils périront de tourments consumés,
   En bénissant le Sauveur qu'ils adorent,
   A leur amour réponds du haut des cieux :
      Nous te prions pour eux!

7. Nous te prions pour la foi de leur âme,
   Nous te prions pour leur fidélité,
   Nous te prions pour que ta charité
   Brûle en leurs cœurs d'une immortelle flamme.
   Dieu tout-puissant, écris leurs noms aux cieux :
      Nous te prions pour eux!

CANTIQUE 174.

(Des Chants chrét. le 177e.)

Air du Cantique 84, *Seigneur Jésus, du haut de ta demeure.*

1. Reverra-t-il cette terre chérie,
Le messager que nous voyons partir?
Reviendra-t-il montrer à sa patrie,
Vivant encor, les palmes d'un martyr? *(bis.)*

2. Hélas! peut-être au sein des mers profondes
Était marqué le lieu de son repos;
Et de la grève où se brisent les ondes,
Depuis longtemps le sable attend ses os. *(bis.)*

3. Ou sous les feux d'une zone brûlante,
Son Souverain le destine à mourir,
Près des païens que sa voix expirante
Au nom de Christ convie au repentir. *(bis.)*

4. Ou, poursuivant sa pénible carrière,
Sous l'œil de Dieu qui veille sur son sort,
Il a promis à la terre étrangère
Tout, sans réserve, et sa vie et sa mort. *(bis.)*

5. O vous, amis du Maître qui l'envoie,
Dites-lui donc un tendre et saint adieu,
Et donnez-lui rendez-vous avec joie
Au dernier jour aux pieds de votre Dieu. *(bis.)*

6. Quoi! pensez-vous qu'il quitte sa patrie?
Delà les mers il s'en va la chercher:
Elle est partout où dans l'idolâtrie
Son œil ému voit des peuples marcher. *(bis.)*

7. Elle est partout où le Seigneur l'appelle,
Où la moisson appelle l'ouvrier,
Partout où l'homme ignorant et rebelle
Vit sans aimer, sans croire et sans prier. *(bis.)*

8. Garde, Seigneur, et bénis notre frère:
Dresse au combat ses doigts faibles encor;
Entre ses mains que ton œuvre prospère,
Et que ses soins t'amassent un trésor. *(bis.)*

9. Que, toujours près du plus tendre des pères,
Jusqu'à l'exil, tout lui paraisse doux!
Qu'il ait partout des amis et des frères,
Et toi, Jésus, toi, le meilleur de tous! *(bis.)*

MÉLODIES

pouvant remplacer celles du recueil.

Nº 175. CANTIQUE 66 B.

(Du Rec. de Genève et Lyon le 58ᵉ B.)

— 105 —

cieux, Les prendre pour té-moins de ma re-con-nais-

cieux, Les prendre pour té-moins de ma re-con-nais-

san-ce Et dire au monde en-tier combien je suis heu-reux!

san-ce Et dire au monde en-tier combien je suis heu-reux!

Nº 176. CANTIQUE 37B.
(Des Chants chrét. le 92ᵉ)

SOPRAN.
ALTO.

Par-le, par-le Seigneur, ton

TÉNOR.

Par-le, par-le Seigneur, ton

BASSE.

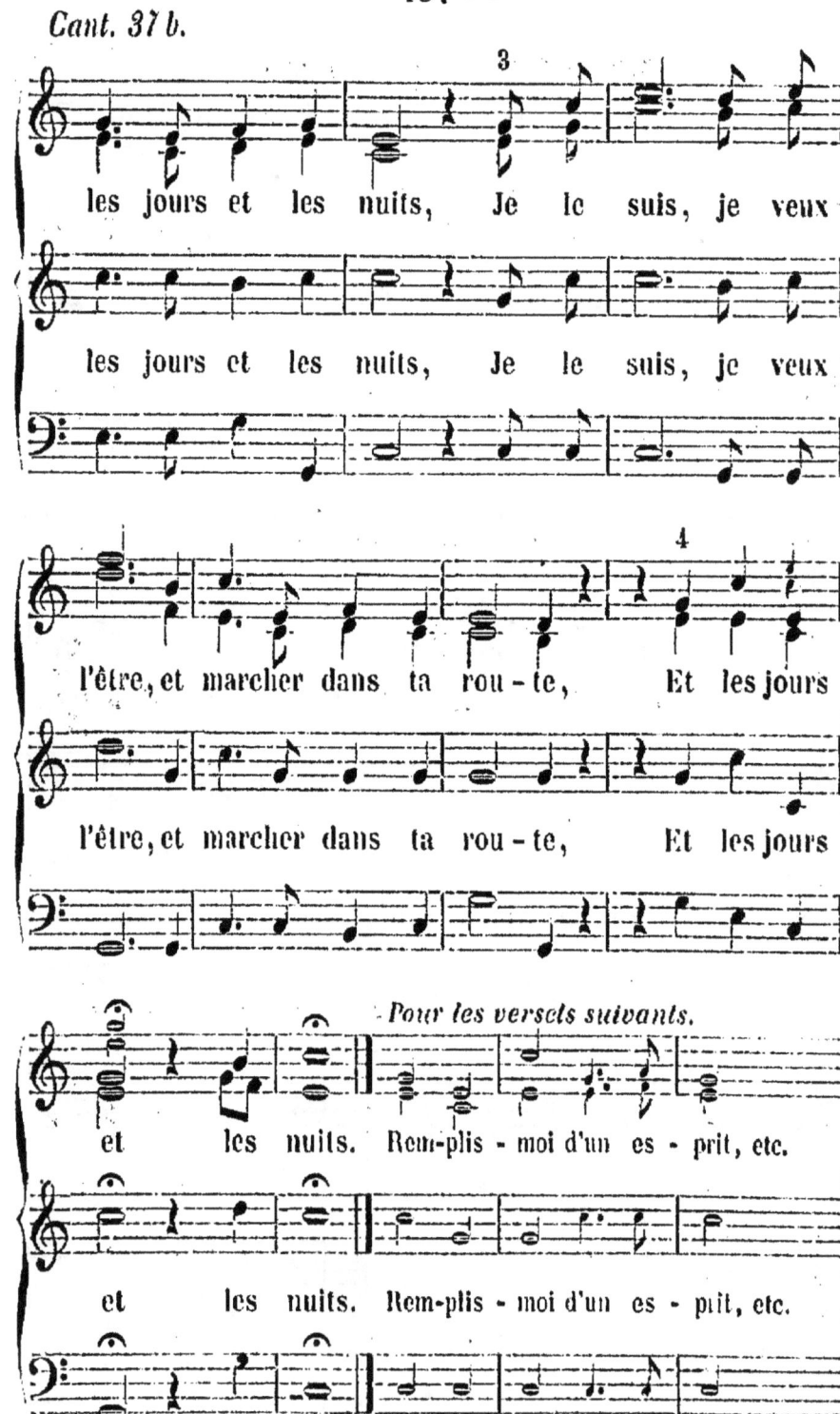

Psaumes de M. Wehrstedt.(*)

N° 178. PSAUME III. (3.)

(*) On a cru devoir donner, comme spécimen, ces quelques mélodies de psaumes dues à un compositeur très-distingué, M. Wehrstedt de Genève, qui a su reproduire, mieux que personne, ce nous semble, la simplicité et la gravité des mélodies primitives de nos psaumes, tout en demeurant parfaitement fidèle aux règles de la science et de l'harmonie musicales.

Ps. 25.

Ps. 25.

du, Qui nuit aux jus-tes sans cau - se.

N° 180. PSAUME XXXIII. (33.)

Ré - veil - lez - vous, peu - ple fi - dè - le, Pour lou - er Dieu tout d'u - ne voix; Sa lou-an-

Ps. 33.

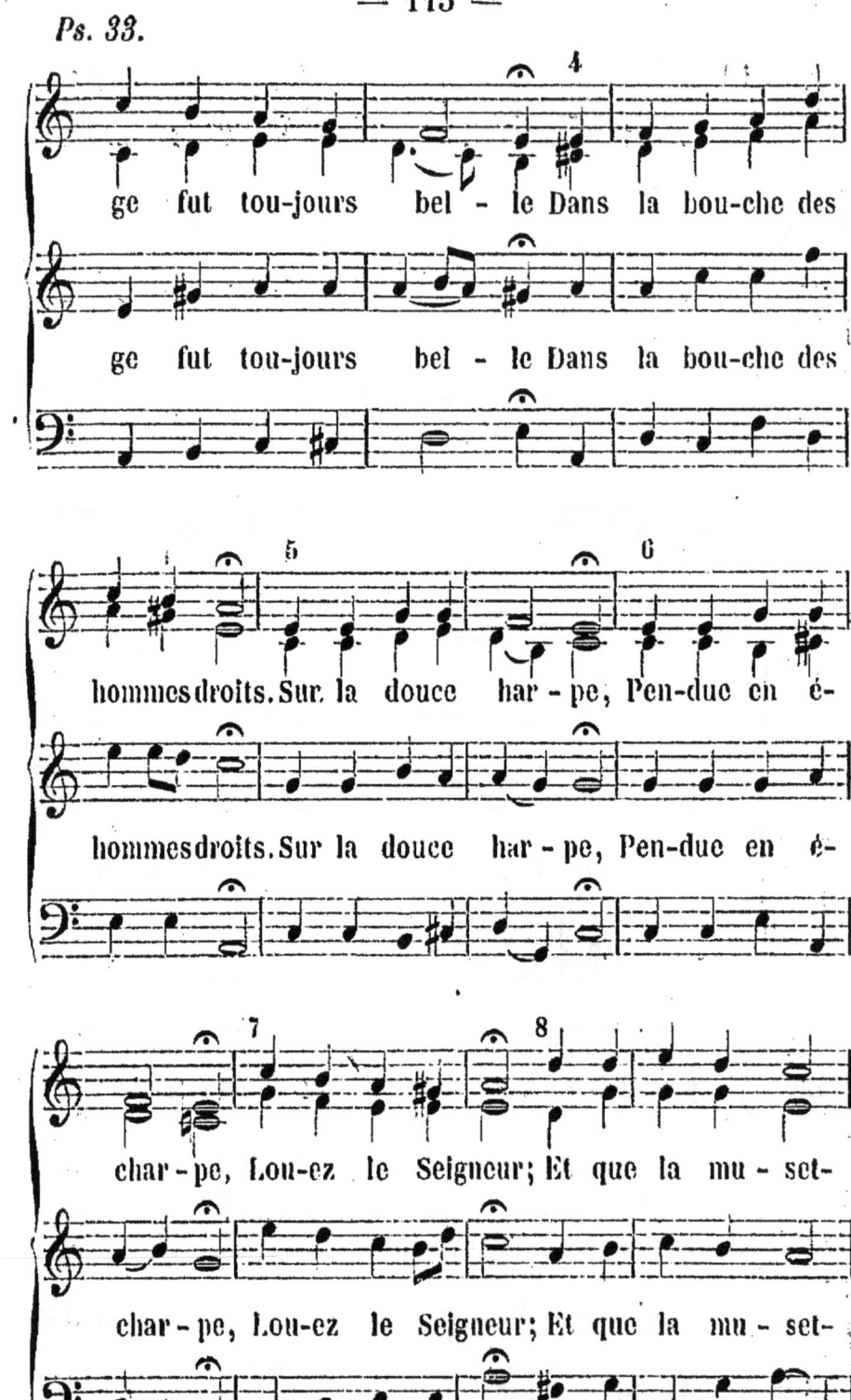

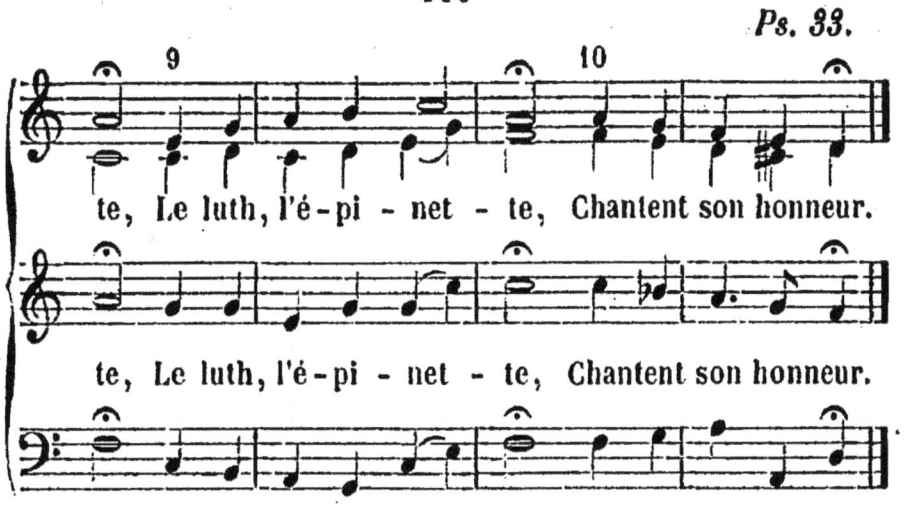

N° **181**. PSAUME XLII. (42.)

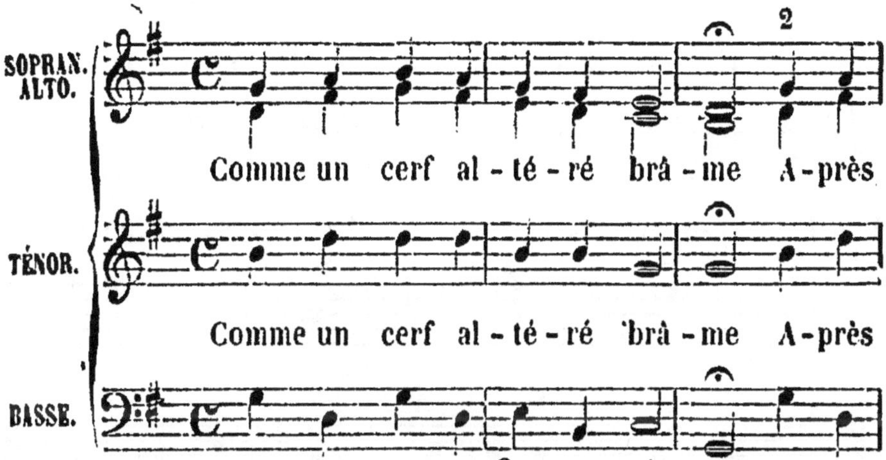

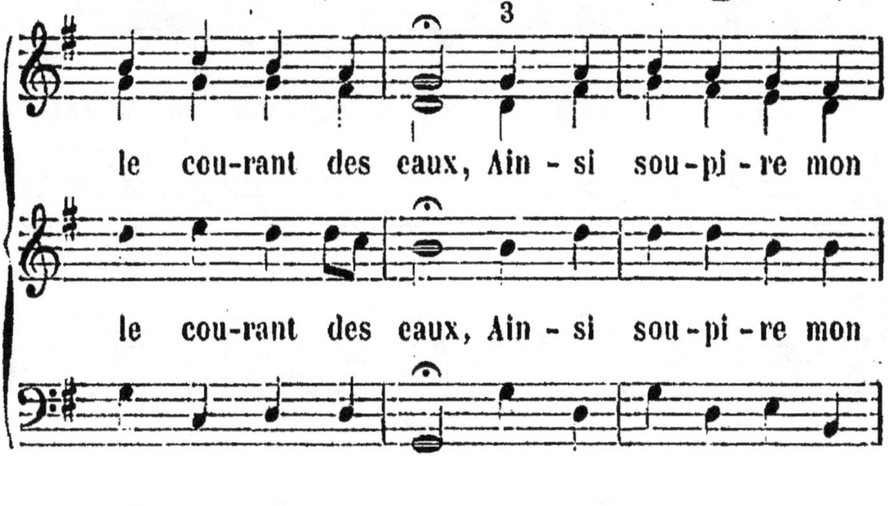

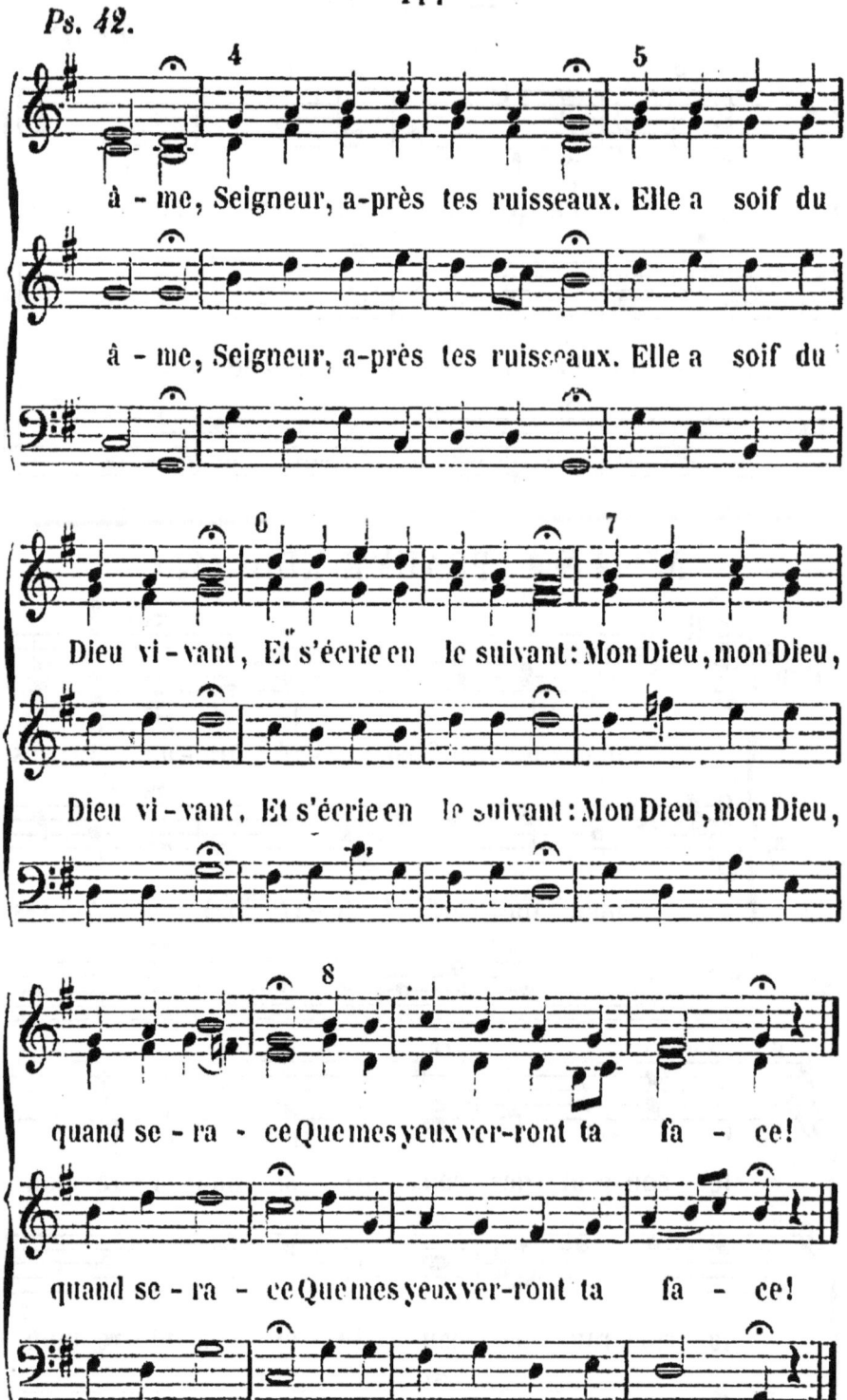

N° 182. PSAUME LXXXIV. (84.)

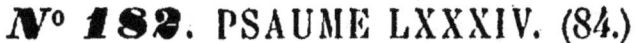

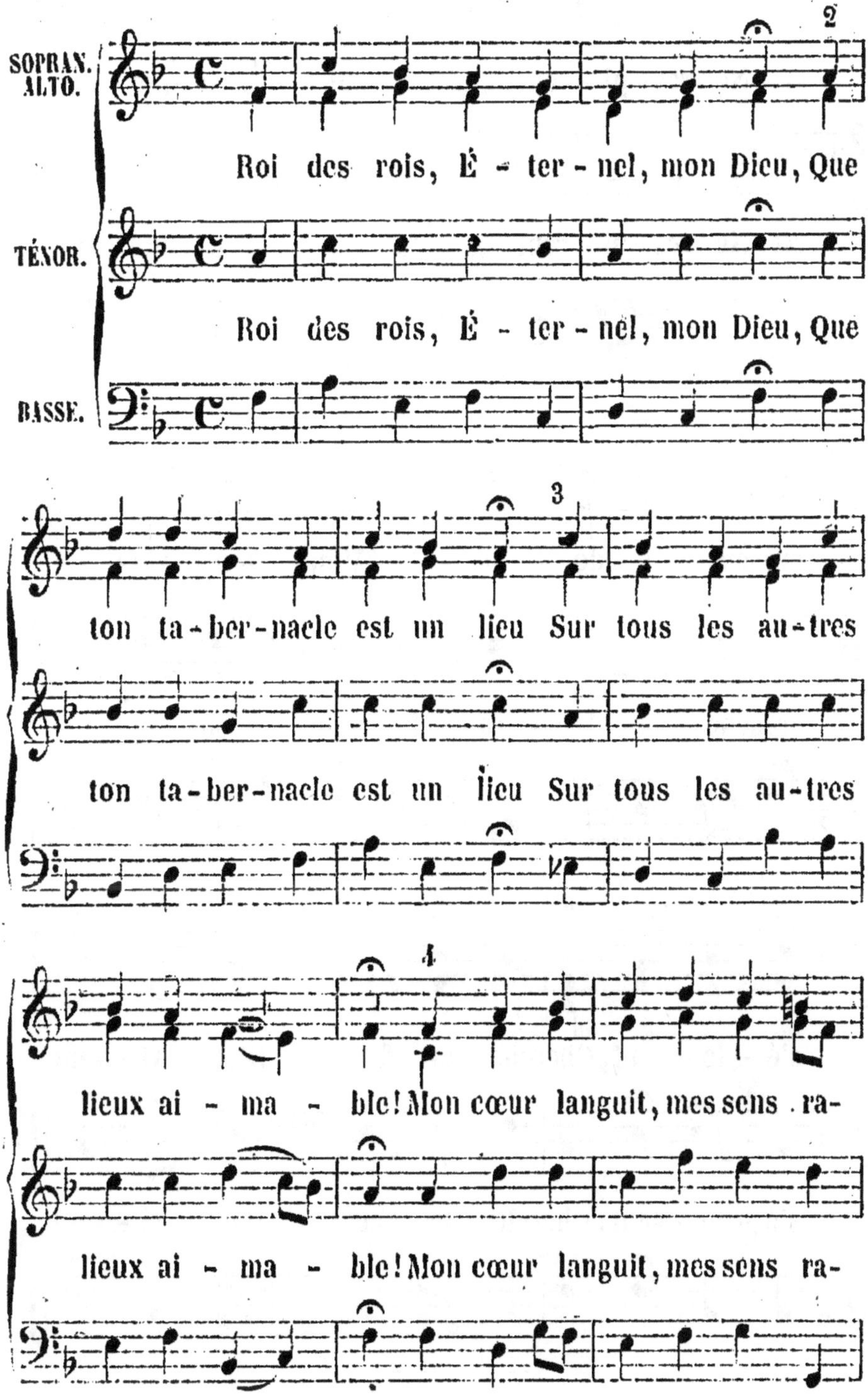
SOPRAN.
ALTO.
TÉNOR.
BASSE.
2
Roi des rois, É - ter - nel, mon Dieu, Que
Roi des rois, É - ter - nel, mon Dieu, Que
3
ton ta - ber - nacle est un lieu Sur tous les au - tres
ton ta - ber - nacle est un lieu Sur tous les au - tres
4
lieux ai - ma - ble! Mon cœur languit, mes sens ra-
lieux ai - ma - ble! Mon cœur languit, mes sens ra-

N° 183. PSAUME XCVII. (97.)

Ps. 130.

Ps. 138.

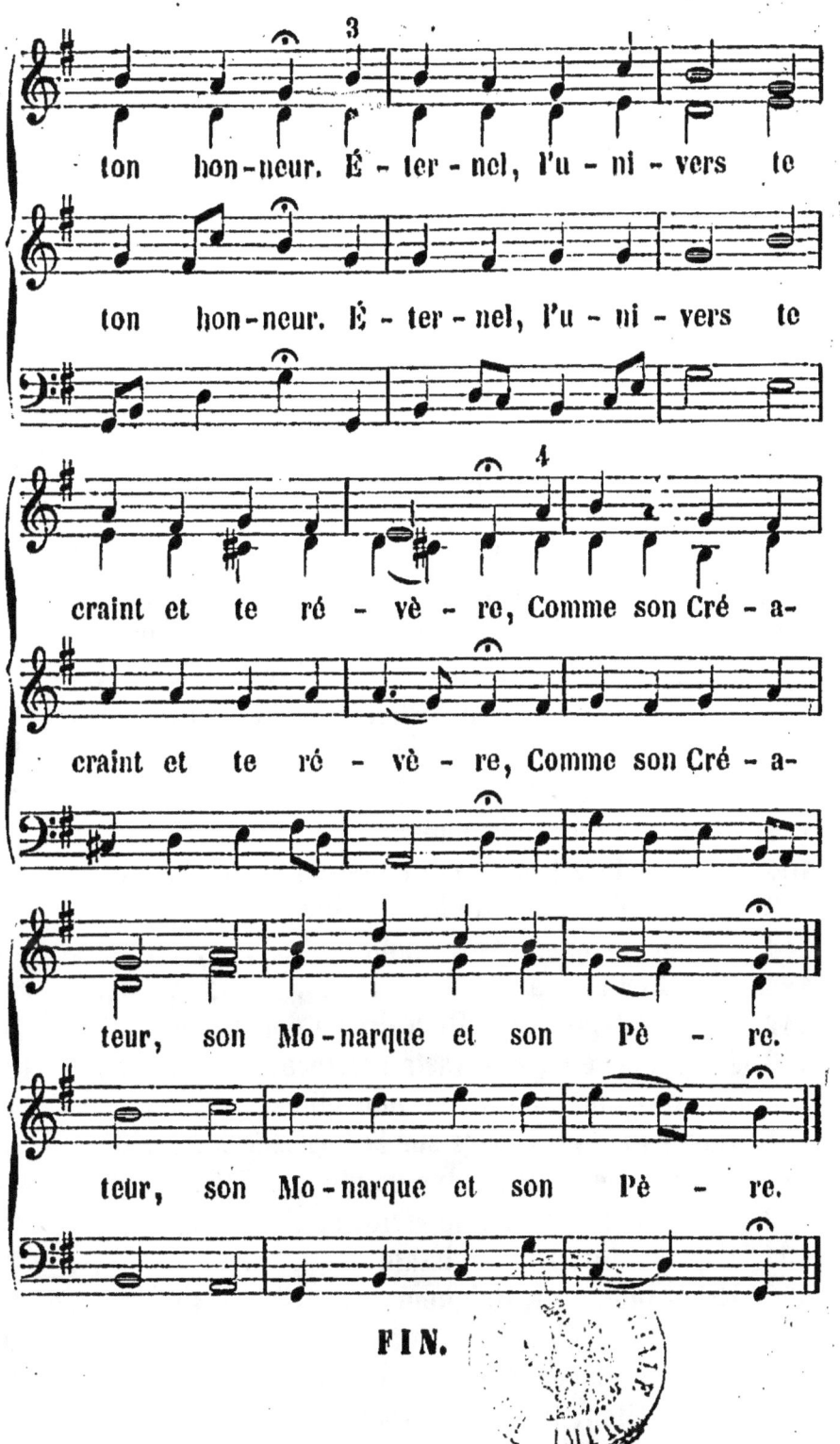

TABLE ALPHABÉTIQUE.

Numéros.		Pages.
158.	Ah! que je ne sois pas	79
120.	Ah! quel amour nous a montré le Père	15
113.	Alléluia! louange à Dieu	1
152.	Au Sauveur j'abandonne	72
139.	C'est de toi, Père saint! que j'attends ma justice	48
119.	C'est moi, c'est moi qui vous console	14
133.	C'est toi, Jésus! que recherche mon âme	37
126.	Chef couvert de blessures	23
136.	Chrétiens, peuple fidèle	43
154.	Comme en un bois épais	74
164.	Dans le désert où je poursuis ma route	89
116.	De la divinité plénitude ineffable	6
143.	De quels transports d'amour	55
122.	Dieu fort et grand	18
142.	Dieu tout-puissant, Dieu de ma délivrance	54
173.	Divin Sauveur, une vaste carrière	101
135.	Écoutez tous une bonne nouvelle	40
161.	Encor quelques jours sur la terre	84
117.	En toi, Seigneur, je me confie	8
130.	Entonnons l'hymne de victoire	29
131.	Esprit saint, Dieu puissant	31
170.	Est-il bien vrai, Seigneur	95
165.	Fraternité céleste et sainte	90
166.	Frères, approchons-nous ensemble	91
118.	Grand Dieu, tes bontés vont si loin	11

Numéros.		Pages.
137.	Il est en Israël une source abondante	45
169.	J'élèverai la voix pour chanter tes louanges	95
145.	Jésus est notre Ami suprême	60
146.	Jésus, mon bonheur et ma vie	62
144.	Jésus, Sauveur adorable	57
127.	Le Fils de Dieu, ce bon berger	24
128.	Le Sauveur est ressuscité	25
159.	Le temps est court, hâtons-nous; l'heure s'avance	81
121.	L'Éternel seul est ma lumière	16
114.	Louez le nom de l'Éternel	3
160.	Mon cœur joyeux, plein d'espérance	82
140.	Non, ce n'est pas en notre sainteté	50
141.	Non, rien en ma personne	53
129.	O cieux! unissez-vous aux transports de la terre	27
168.	O Dieu, ton temple c'est l'univers	93
134.	O Seigneur! ô Seigneur!	39
156.	O toi, que notre cœur aime	78
167.	Père saint, je te rends grâce	91
132.	Pleine des plus beaux dons, l'âme se trouve vide	35
163.	Pour nous bientôt luira l'aurore	88
124.	Quel est cet astre radieux	21
149.	Que mon cœur vive en toi, voilà ma seule envie	67
115.	Que ton nom soit béni	5
125.	Que vois-je hélas! mon Dieu! mon Père	22
174.	Reverra-t-il cette terre chérie	103
171.	Saints messagers, hérauts de la justice	96
162.	Seigneur! dirige tous mes pas	86
172.	Serviteurs de Dieu, levez-vous	99
151.	Source de mon bonheur, mes délices, ma vie	69
150.	Sur toi, Sauveur, qui se fonde	68
123.	Ta parole, Seigneur, est ma force et ma vie	20
147.	Tes brebis, ô Jésus! connaissent ton amour	62
148.	Trésor incomparable	64
157.	Tu m'as aimé, Seigneur, avant que la lumière	79
138.	Tu parais, ô Jésus, et ta bouche proclame	46

Numéros.		Pages.
153. Un pauvre voyageur, absent de sa patrie		72
155. Vers toi, Seigneur! au jour de la tristesse		76

Mélodies.

177. De tous les biens source pure et féconde		108
176. Parle, parle, Seigneur, ton serviteur écoute		105
175. Que ne puis-je, ô mon Dieu		104

Psaumes de M. Wehrstedt.

Numéros.	Psaumes.	Pages.
179. A toi, mon Dieu, mon cœur monte	25	112
184. Au fort de ma détresse	130	121
181. Comme un cerf altéré brâme	42	116
183. Dieu règne en juste roi	97	120
185. Il faut, grand Dieu, que de mon cœur	138	123
178. Que de gens, ô grand Dieu	3	110
180. Réveillez-vous, peuple fidèle	33	114
182. Roi des rois, Éternel, mon Dieu	84	118
186. Grand Dieu, nous te louons. Cantique	1	125

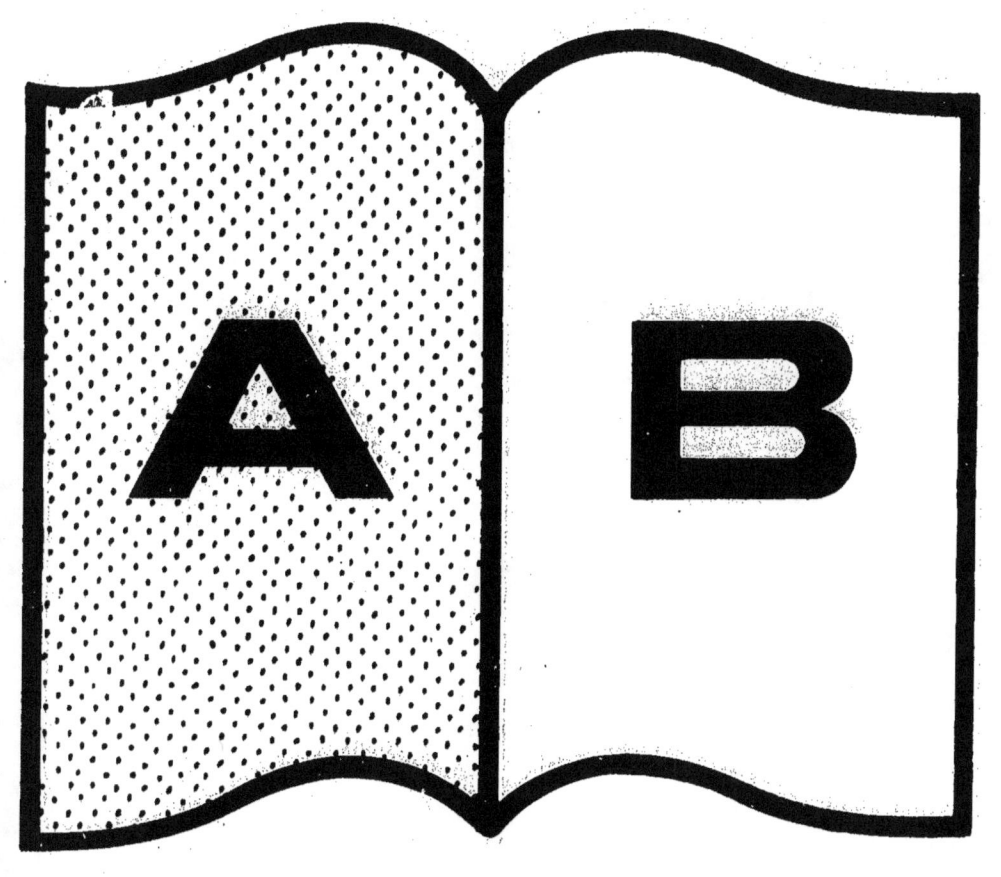

Contraste insuffisant

NF Z 43-120-14

www.ingramcontent.com/pod-product-compliance
Lightning Source LLC
Chambersburg PA
CBHW060205100426
42744CB00007B/1175